T0194520

essentials

essentials liefern aktuelles Wissen in konzentrierter Form. Die Essenz dessen, worauf es als „State-of-the-Art" in der gegenwärtigen Fachdiskussion oder in der Praxis ankommt. *essentials* informieren schnell, unkompliziert und verständlich

- als Einführung in ein aktuelles Thema aus Ihrem Fachgebiet
- als Einstieg in ein für Sie noch unbekanntes Themenfeld
- als Einblick, um zum Thema mitreden zu können

Die Bücher in elektronischer und gedruckter Form bringen das Expertenwissen von Springer-Fachautoren kompakt zur Darstellung. Sie sind besonders für die Nutzung als eBook auf Tablet-PCs, eBook-Readern und Smartphones geeignet. *essentials:* Wissensbausteine aus den Wirtschafts-, Sozial- und Geisteswissenschaften, aus Technik und Naturwissenschaften sowie aus Medizin, Psychologie und Gesundheitsberufen. Von renommierten Autoren aller Springer-Verlagsmarken.

Weitere Bände in der Reihe http://www.springer.com/series/13088

Mona Spisak

Kultursensitive Führung

Was Sie über die Organisationskultur
wissen müssen, um erfolgreich
zu führen

Mona Spisak
P Assessments-Careers Zürich-Hamburg
by Profcon GmbH
Zürich, Schweiz

ISSN 2197-6708   ISSN 2197-6716   (electronic)
essentials
ISBN 978-3-658-21197-4   ISBN 978-3-658-21198-1   (eBook)
https://doi.org/10.1007/978-3-658-21198-1

Die Deutsche Nationalbibliothek verzeichnet diese Publikation in der Deutschen Nationalbiblio-
grafie; detaillierte bibliografische Daten sind im Internet über http://dnb.d-nb.de abrufbar.

Gedruckt auf säurefreiem und chlorfrei gebleichtem Papier

Springer ist ein Imprint der eingetragenen Gesellschaft Springer Fachmedien Wiesbaden GmbH
und ist ein Teil von Springer Nature.
Die Anschrift der Gesellschaft ist: Abraham-Lincoln-Str. 46, 65189 Wiesbaden, Germany

Was Sie in diesem *essential* finden können

- Mit dem Rüstzeug, das Ihnen dieses *essential* mitgibt, untermauern Sie Ihre Kultursensitivität und erweitern Ihren **Kompetenzrucksack der Führung.**
- Sie lernen sich der Organisationskultur anzunähern, sich in ihr zu orientieren und sensitiv aber **wirkungsvoll** zu handeln bzw. **zu führen.**
- Sie erhalten wichtige Impulse, um den Weg für **Innovation** sowie erfolgreiches **Veränderungsmanagement** in Ihrem Arbeitsumfeld zu ebnen.

Vorwort

Wenn „Kultursensitivität" Ihre Neugier weckt, gehören sie damit nicht unbedingt zum „Mainstream" der Manager. Allerdings teilen Sie Ihr Interesse mit denjenigen, die auf Leadership[1] und agile Führung[2] setzen. Offen bleibt die Frage, was Sie als Führungskraft wissen und können müssen, um in bzw. mit einer Organisationskultur sensitiv und erfolgreich zurechtzukommen. Das vorliegende Buch lädt ein dieser Frage nachzugehen, mit der Überzeugung, dass Innovation und erfolgreiche Veränderung im organisatorischen Umfeld nur auf der Basis einer kultursensitiven Führung gelingen.

Mona Spisak

---

[1]Unter Leadership werden gemäß dem Gabler Wirtschaftslexikon die menschen-, verhaltens-, eigenschafts-, interaktions- und motivationsorientierten Führungsaufgaben des Managements verstanden – im Gegensatz zu der Vorstellung der traditionellen konzeptionell-instrumentellen Unternehmenssteuerung.

[2]Agile Führung wird als ein moderner, integrativer Führungsansatz verstanden, bei dem Führungsaspekte der Beziehung, des System-Denkens, der Partizipation und der Sinnhaftigkeit eine zentrale Rolle spielen. Die Führungshaltung der Führungspersonen rückt in den Vordergrund, während die gängigen „handfesten" Führungs-Tools in den Hintergrund treten.

Danksagung

- an Beat Kappeler – für sein Gegenlesen und Kommentieren, wodurch die Gestalt der Ausführungen mitgeprägt wurde.
- an Joachim Coch vom Springer Verlag – für sein Interesse und seine Offenheit für das Thema.
- an Anette Villnow von Springer Verlag – für ihre Argusaugen und ihre klugen Hinweise beim Lektorat.
- an Mike Koritschan – für seine Grafiken, welche die Ausführungen durch Visualisierung und Ästhetik aufgewertet haben.

Inhaltsverzeichnis

Über die Autorin

Mona Spisak ist Arbeits- und Organisationspsychologin (Universität Zürich). Ihr multikultureller Hintergrund nährt ihr Interesse an dem Phänomen „Kultur" und führte sie zum Studium der interkulturellen Kommunikation (Universität Lugano). Sie ist Autorin verschiedener Bücher und Beiträge zur angewandten Führungs- und Arbeitspsychologie. Ihr beruflicher Fokus richtet sich auf die Potenzialanalyse von Menschen und Talenten in der Berufswelt sowie auf die Konzeption und Einführung von Instrumenten der Personalentwicklung.

Bild: Mirjam Kluka
www.kluka.ch

www.p-assessments-careers.com
m.spisak@p-assessments-careers.com

Einleitung 1

„Culture eats Strategy for Breakfast" – die Aussage von Peter F. Drucker
(Drucker 2017) zielt auf die Macht und Bedeutung eines Faszinosums der unternehmerischen Realität – die „Organisationskultur". Mit hoher Selbstverständlichkeit fließt der Begriff in die Praxis und das Vokabular der Führungskräfte ein:
„Wir wollen in dieser Abteilung eine Innovationskultur entwickeln!" oder „Unser
Ziel ist, im Team eine konstruktive Fehlerkultur zu implementieren." Allerdings
weisen die bisherigen Versuche der Kulturentwicklung im Kontext der Führung
eine ernüchternde Bilanz auf. Auch die Organisationspsychologie, welche sich
zunächst mit Begeisterung dem Thema zugewandt hatte, erlebte heftige Dämpfer.
Je präziser man die Kultur fassen will, desto mehr zerfließt sie einem zwischen
den Fingern. Eine direkte und vorhersagbare Gestaltbarkeit von Unternehmens-
kulturen wird als unrealistisch betrachtet; die Möglichkeiten des konkreten
Eingreifens werden skeptisch gesehen (von Rosenstiel 2003, S. 381; Neubauer
2003, S. 177).

Was tun als Führungskraft? Resignieren oder ignorieren und sich fassbareren
Themen zuwenden? Dies wäre zu einfach und zudem kontraproduktiv. Dieses
Buch sucht nach einem anderen Zugang und ist mit diesem Ansatz nicht allein.
Mit Ulrich schlagen wir vor, nicht „Kulturmanagement" in Organisationen
anzustreben, sondern sich einem „kulturbewussten Management" zuzuwenden
(Neubauer 2003, S. 177), das sowohl Verstehen als auch handfestes Handeln und
Verändern impliziert. Individualpsychologisch gesehen rücken dabei kulturelle
Neugier und Wahrnehmungsfähigkeit sowie Kultur-Wissen in den Vordergrund.
Sie sind als zukunftsträchtige Schlüsselkompetenzen der Führung zu betrachten.

© Springer Fachmedien Wiesbaden GmbH, ein Teil von Springer Nature 2018
M. Spisak, *Kultursensitive Führung*, essentials,
https://doi.org/10.1007/978-3-658-21198-1_1

Ein Weg in drei Schritten
1. Sie gehen dem Wesen der Organisationskultur auf den Grund und erfahren:
   – Organisationskultur hat einen subtilen Charakter
   – Organisationskulturen unterscheiden sich voneinander
   – Organisationskultur entwickelt sich
   – Organisationskultur hat essenzielle Funktionen
2. Sie nähern sich der Beschaffenheit Ihrer Organisationskultur an, indem Sie:
   – Die Elemente einer Organisationskultur erfassen
   – Die Charakteristika einer Organisationskultur erkunden
   – Sich selbst innerhalb einer Organisationskultur positionieren
3. Sie erhalten Wissensbausteine und Werkzeuge, um kulturelle Aspekte, Veränderungen sowie Innovation kultursensitiv anzugehen:
   – Verhaltenswirksame Mechanismen
   – Psychologisches Know-how
   – Hinweise zur Verankerung der Innovation als Kulturbestandteil

2.1 Organisationskultur hat einen subtilen Charakter

In jeder sozialen Gruppe (Familie, Partei, Schule) entsteht und existiert eine „Kultur". So auch in Profit- und Non-Profit-Organisationen. Die **Einbettung der Kultur** wird zweifach betrachtet: Sie ist zum einen ein integraler Bestandteil von Unternehmen und umfasst bestimmte Elemente wie z. B. Glaubenssätze, Rituale und Verhaltensweisen, die im gegebenen Unternehmen gelten und wirken. So gesehen „hat" das Unternehmen eine Kultur (Steiger und Lippmann 2013, S. 29). Zum anderen gelten Unternehmen als Kulturen per se: Eine Organisation „ist" eine Kultur. In der praktischen Annäherung an das Thema sowie für ein besseres Verständnis werden hier beide Ansätze integriert (Baumgartner 2006, S. 22–24).

Die Frage nach der Kultur ist zugleich die Frage nach der **Lebensform** einer Organisation. Organisationskultur bestimmt maßgeblich, wie sich die Mitarbeitenden in ihrer Arbeitswelt einrichten und wie sie miteinander agieren (Baumgartner 2006, S. 13). Sie schafft ein Bedeutungsgewebe aus Wirklichkeitsdefinitionen, eine Auffassung von der Welt und vom Menschen sowie **Wertigkeiten, Normen** und **Regeln,** die einem helfen sich im Arbeitskontext zu orientieren. Sie beinhaltet zudem die Frage nach den kollektiven sprachlichen und symbolischen **Praktiken.** Organisationskultur kann aufgefasst werden als ein **Orientierungssystem,** welches das Handeln, Denken, Fühlen, Wollen und Wünschen der Organisationsmitglieder strukturiert, standardisiert und ordnet, es zugleich ermöglicht und begrenzt.

Man kann nicht im absoluten Sinne von einer „guten" oder einer „schlechten" Kultur sprechen. „Gut" ist diejenige, die den Fortbestand der Organisation sowie die Arbeitslebensqualität der Organisationsmitglieder garantiert. Wie dies im Einzelfall aussieht dürfte je nach Organisation in ihrem spezifischen Kontext

© Springer Fachmedien Wiesbaden GmbH, ein Teil von Springer Nature 2018
M. Spisak, *Kultursensitive Führung*, essentials,
https://doi.org/10.1007/978-3-658-21198-1_2

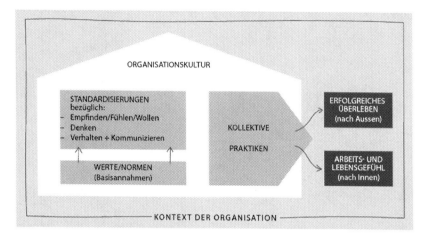

Abb. 2.1 Das Grundwesen der Organisationskultur

unterschiedlich sein. In diesem Sinne kann die Kultur einer Segelschiff-Besatzung mit exakt definierten Abläufen, Prozessen, Schritten und Befehlsketten genauso „gut" sein wie die Improvisations-Kultur eines Beratungsunternehmens, in dem alle alles machen, kaum etwas standardisiert ist und der Erfolg durch individuelle Leistung, Kreativität und Spontaneität realisiert wird. Wie immer eine „gute" Organisationskultur auch ausgeprägt ist, sie kann in ihrem Grundwesen erfasst und beschrieben werden (Abb. 2.1).

Wenn Kultur eine zwar komplizierte und schwer zugängliche Seite der Organisation wäre, aber zumindest statisch – dann würde man sicherlich Mittel und Wege finden, sie „ein für alle mal" zu entschlüsseln, um dann auf den stabilen Faktoren aufbauen zu können. Nun ist das Wesen der Organisationskultur aber **dynamisch** (sie wächst und entwickelt sich) sowie **durchlässig/hybrid** (Austauschprozesse mit der Umwelt finden statt, Einflüsse von Außen dringen in sie hinein und umgekehrt, sodass sie sich stetig verändert) und **heterogen,** d. h. sie besteht aus einem dynamischen Konglomerat verschiedener Subkulturen (Abb. 2.2 und 2.3) (Eck 2002).

Nach Eck wird jede Organisation charakterisiert durch eine **„dominierende Kultur",** deren zentrale Werte und Orientierungsmuster breit geteilt und von der Führung unterstützt werden. Zugleich entwickelt sich in den Organisationen meist eine **„Gegenkultur".** Ihre Werte und Orientierungsmuster stehen im Widerspruch zur „dominierenden Kultur". Des Weiteren kann eine **„Superlativkultur"** ausgemacht werden. Diese lebt die zentralen Aspekte der dominierenden Kultur

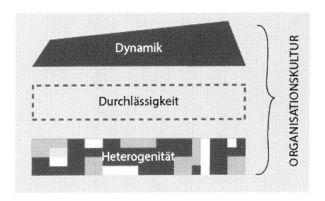

Abb. 2.2 Die Eigenschaften von Organisationskulturen

Abb. 2.3 Organisationskultur als Konglomerat verschiedener Subkulturen

betont und intensiv aus. Sie fühlt sich häufig als Elite (Musterschüler oder Missionare). Zuletzt kann eine „**orthogonale Kultur**" ausgemacht werden, in der sich zu einem Teil die Regeln und Werte der dominierenden Kultur spiegeln, zugleich aber auch viel Freiheit und Eigenständigkeit diesbezüglich beansprucht wird, wie dies in Gruppen von Experten und Spezialisten der Fall ist (Eck 2002).

Unterschiedliche **Subkulturen** finden sich auch auf den verschiedenen Hierarchie-Ebenen (unteres, mittleres und oberes Management), in den verschiedenen Altersklassen (die Alten und die Jungen, Generation X, Generation Y), in den verschiedenen Funktionsgruppen (z. B. Sales-Kultur und Produktions-Kultur oder die Kultur des Vorstands). Sogar innerhalb dieser können Mikrokulturen ausgemacht werden, mit spezifischen Eigenheiten und Weltbildern (wie z. B. „die Abgänger der Hochschule St. Gallen HSG", oder „die Rotary Club Mitglieder" etc.). Es ist das Zusammenspiel der Subkulturen, das als ein Charakteristikum der Organisation gesehen werden muss, um die Dynamik der Organisation zu verstehen.

2.2 Organisationskulturen unterscheiden sich voneinander

Wenn eine Organisationskultur sich entwickelt, entstehen **Standardisierungen,** die in „natürlicher" Art und meist unbewusst die Kommunikation, das Denken und Empfinden, den Umgang mit Emotionen und das Verhalten der Mitarbeitenden regeln (Tab. 2.1) (Erll und Gymnich 2014, S. 20). So ist es für die „alten Hasen" in jeder Organisation völlig klar, was anerkannte Ansichten und Meinungen sind, wie man zu kommunizieren und sich zu benehmen hat. Erst die „Neuen", die von Außen kommen, wundern sich über die Besonderheiten – finden Gefallen oder aber stoßen sich daran.

Tab. 2.1 Kulturelle Standardisierungen. (Erll und Gymnich 2014, S. 20)

Standardisierungen	Beispiele
Des Empfindens und Umgangs mit Emotionen	Wie viel „Empfindsamkeit" ist erwünscht (z. B. hohe Sensitivität im Umgang miteinander oder „ein robustes Kostüm", sodass man austeilen und einstecken kann)? Was erzeugt welche Gefühle (z. B. erzeugen Fehler Scham?)? Erwecken Misserfolge anderer eher Mitleid oder Verachtung? Wie wird Zufriedenheit über den Arbeitserfolg zum Ausdruck gebracht? Etc.
Des Denkens	Wie sind die Ansichten darüber, wie man Probleme angeht (z. B. „die Analyse ist das A und O" oder „schnelle und pragmatische Lösungen sind gefragt")? Wie sind die Überzeugungen bzgl. Strategien, mit denen man Kunden akquiriert (z. B. „denen versprechen wir erst mal alles was sie wollen und nachher sehen wir weiter")? Was sind die „selbstverständlichen" Differenzen zwischen Abteilungen (z. B. „die Kollegen von der Produktion sind pragmatisch und unkompliziert, die HR-Kolleginnen sind zwar die guten Seelen der Firma, aber vom Business haben sie keine Ahnung")? Wie lauten die Firmenregeln (z. B. „Kundenthemen haben Vorrang vor internen Themen") und Sprichwörter (z. B. „unter Druck entstehen Diamanten" oder „gut Ding braucht Weile")? Etc.

(Fortsetzung)

Tab. 2.1 (Fortsetzung)

Standardisierungen	Beispiele
Des Verhaltens/Handelns sowie der Kommunikation	Wie laufen Begegnungs- und Begrüßungsrituale in der Firma ab (z. B. Händeschütteln, Schulterklopfen, Nicken, oder gar nicht grüßen)? Wie/wo macht man Pausen (z. B. schnell ein Sandwich am Stehtisch oder anderthalbstündige Essenspause im Restaurant)? Wie werden Besprechungen abgehalten (z. B. in stilvollen Räumen, oder in kleinen „Boxen" ohne Tageslicht? Zeitlich eng terminiert oder mit viel Zeit und Small Talk zu Beginn)? Wie inszeniert man die Einstellung und Einarbeitung von neuen und wie trennt man sich von langjährigen Mitarbeitenden? Etc.
	Wie viel Kommunikation ist gut und notwendig? Wie „derb" oder wie „stilisiert" ist die „normale" Sprache im Arbeitsumfeld? Wird direkt oder indirekt gesprochen? Wie viel Privates hat Platz? Worüber redet man und worüber nicht? Etc.

Je länger und erfolgreicher eine Kultur existiert, desto selbstverständlicher und stabiler werden die Standardisierungen und damit auch die **„Stärke" der Kultur.** Nach Isaac (Neubauer 2003, S. 32) ist eine Organisationskultur dann „stark", wenn sie eine große Anzahl gemeinsamer **Basisannahmen** und **Werte** beinhaltet, die von den Mitarbeitenden aller Bereiche geteilt und für wichtig gehalten werden. **Der Vorteil** „starker" Kulturen wird darin gesehen, dass hier unter den Organisationsmitgliedern ein Kitt besteht, der die kollektive Identität sowohl nach Außen als auch nach Innen festigt. Solche Kulturen wirken profiliert und klar und sind nicht ohne Weiteres zu erschüttern. Vorhersagbarkeit und Sicherheit haben hier ihren Platz (man denke beispielsweise an kirchliche oder alteingesessene Beamteninstitutionen). **Die Schattenseite** zeigt sich jedoch darin, dass „starke" Organisationskulturen größere Schwierigkeiten haben sich zu adaptieren, auch dann, wenn dies strategisch notwendig wäre. Somit laufen sie Gefahr ihr eigenes Überleben zu gefährden (Neubauer 2003, S. 33). Folglich wäre auch hier die goldene Mitte zwischen einer diffusen, volatilen und einer „in Stein gegossenen" Kultur zu suchen.

2.3   Organisationskultur entwickelt sich – der Lebenszyklus

Die Entwicklung einer Organisationskultur hat vieles mit der Entwicklung einer **Persönlichkeit** gemeinsam: Sie geschieht in der Begegnung mit der Umwelt und mit Menschen sowie in der Auseinandersetzung mit sich selbst. Sie wird geprägt von Ereignissen, die sie zurückwerfen oder weiterbringen. Die Organisationskultur muss sich stets anpassen ohne völlig anders zu werden. Ihr Identitätskern bleibt. Die Entwicklung erfolgt in Schüben. Es lassen sich „Lebensphasen" unterscheiden – von stürmischen „Kindheits- und Jugendjahren" über das „Erwachsenwerden", die Jahre der „Reife im Erwachsensein" bis hin zu „Alter" und „Gebrechlichkeit".

Bis eine Organisationskultur sich nachhaltig verändert, vergeht viel Zeit. Der Versuch einer „kam-sah-und-siegte-Strategie" dürfte bzgl. Kulturveränderung sogar in dynamischen Organisationen Enttäuschungspotenzial nach sich ziehen. Dennoch, die Zeiten des schnellen Wechsels in der Wirtschaft, der multiplen Nationalitäten (kulturellen Identitäten) von Mitarbeitenden wie auch die Fülle von Ereignissen auf politischer, gesellschaftlicher und wirtschaftlicher Ebene spiegeln sich in der kulturellen Organisationsdynamik wider. Die Herausforderung für Verantwortliche besteht darin, sich der Veränderung und der Veränderbarkeit zu stellen und zugleich den Fokus auf das, was beibehalten wird und bleibt, gerichtet zu lassen. Auf die Balance kommt es an.

Organisationskulturen entwickeln sich in einem selbstorganisierten Prozess. Aus Innen heraus wird diese Entwicklung selten wahrgenommen. Ähnlich wie mit den eigenen Kindern braucht es den Blick von Außen, eine Zäsur, um die Veränderung zu sehen („Ach, ist er groß geworden!"). Erst retrospektiv oder von Außen betrachtet liegen die Lebenszyklen von Organisationen vor einem wie ein offenes Buch: Ihre **Entwicklungsschübe** und **„Lebensabschnitte"**, in denen unterschiedliche „Lebens-Erfahrungen" gemacht werden und jeweils andere Kulturcharakteristika vorherrschen. Man sieht klar, wann (und warum) die Aufbruchs- und Begeisterungsstimmung eines neu gestarteten Unternehmens sich gewandelt hat, was geschah, als die Firma um ein Vielfaches gewachsen ist und diversifiziert wurde, welche Erfolgsstrategien gegriffen haben und welche nicht, welche Werte und Überzeugungen sich verankert haben und wie neue Verhaltensnormen bzw. Gewohnheiten entstanden sind.

Die Übergänge zwischen den Phasen der kulturellen Entwicklung (z. B. der Übergang von einem Start-up zum etablierten Unternehmen) sind unweigerlich mit Kulturbrüchen verbunden, die durchaus schmerzlich sein können, weil sie den Abschied von etwas, was „gut" war bedeuten. In der Gestaltung von Übergängen liegen auch für die Führung die kritischen Momente. Wie Berner ausmacht, unterliegen Menschen (auch Führungskräfte) dem sogenannten „Status Quo-Bias" (zurückzuführen auf den Entscheidungsforscher Dan Ariely), welcher darin besteht, dass wir im Zweifelsfalle dazu neigen, beim Alten und Gewohnten zu bleiben (Berner 2012, S. 26).

Da Organisationen im Unterschied zu Menschen die Option haben sich immer wieder zu „reformieren", sind die Phasen nicht linear, sondern kreisförmig zu sehen und die **Kulturentwicklung** entsprechend als eine Spirale zu betrachten. In Anlehnung an das Modell von E. Schein entwickelt sich eine **Teamkultur** in Phasen (Abb. 2.4) (Schein 2010, S. 204). Die jeweilige Phase impliziert bzgl. Führungsarbeit unterschiedliche Herausforderungen und Themengewichtungen (Tab. 2.2).

Im Gegensatz zur menschlichen Entwicklung existiert für Organisationen keine „natürliche Lebenserwartung" (Berner 2012, S. 20). Durch Überwindung von Krisen, Anpassung und Neu-Kreation vermögen Organisationen sich zu verjüngen und gelangen immer wieder zu einer neuen Blüte. Vergleichbar mit menschlicher Entwicklung sind die Übergänge zwischen den Phasen manchmal unmerklich-schleichend, können aber auch abrupt und heftig geschehen. Wenn eine Organisation innerhalb von wenigen Jahren massiv wächst, dabei die anfänglichen Strukturen zu versagen drohen oder der Markt sich schnell verändert und die Arbeitserledigung nach neuen Formen der Kooperation verlangt – all dies kann gerade im kulturellen Bereich Turbulenzen hervorrufen, die als bedrohlich empfunden werden, weil sie das System fast in die Knie zwingen. Kulturell vitale Organisationen erheben sich aber immer wieder.

Die Vorstellung einer Organisation, die eine undurchlässige Haut um sich spannt, führt intuitiv zu der Fantasie des Erstickens. Damit eine Organisationskultur leben und sich entwickeln kann, muss **Austausch** stattfinden zwischen

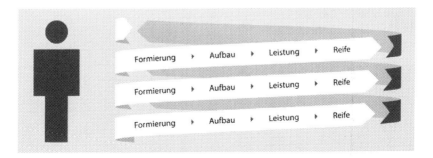

Abb. 2.4 Entwicklungsphasen der Teamkultur nach Edgar Schein

Tab. 2.2 Führung in verschiedenen Entwicklungsphasen der Teamkultur

Phase 1: Formierung/Forming

Orientierung ist wichtig! Eine gute und starke Führung ist für den Erfolg ausschlaggebend Sinnhaftigkeit und Zielrichtung der gemeinsamen Aufgabe (road map) werden gesucht.

Einbeziehen und Aufnehmen der Gruppenmitglieder braucht Zeit und Methode.

Macht und Einflussnahme werden ausgehandelt.

Akzeptanz- bzw. zentrale Autoritätsquellen werden hergestellt.

Rollenverteilung findet statt – Rollenidentitäten formen sich.

Gruppenidentität (Wir-Gefühl und Team-Haut) bildet sich aus

Worauf Führungskräfte in der Phase 1 achten sollten:

- Gemeinsames „**Weltbild**" und „**Menschenbild**" abstecken sowie das Verständnis für das übergeordnete System (die Gesamtorganisation, den Konzern, die Branche, den Markt etc.) vermitteln.
- Klarheit und **Sinnhaftigkeit** der Aufgabe darlegen.
- **Integration** der Gruppenmitglieder mit Maßnahmen fördern wie gemeinsame Aufgaben, Problemlösungen und Diskussionen, bei denen gegenseitiges Kennenlernen und Annäherung stattfindet.
- Dem Team „echte" Identifikationsmerkmale anbieten (z. B. Flexibilität der Aufgabenerledigung, Kreativitätsplattform, Zugehörigkeit zur Elite etc.).
- Die Frage der Machtverteilung (bzgl. Ressourcen, Entscheidungsfindung, Delegation, Information) explizit in den Raum stellen und verhandeln.
- Sinnvolle **Normen** und **Regeln** bzgl. Zusammenarbeit, Leistungserbringung und Leistungsmessung, Entscheidungsfindung etc. setzen.
- Die Gestaltung der **Rollen** im Team mitbeeinflussen – Erwartungen klären, Rollenkonflikte antizipieren und behandeln etc.

Phase 2: Aufbau/Building and Norming

„Wir sind die Besten! Wir kennen und akzeptieren einander." Die Gruppe wird idealisiert. Der Fokus liegt auf Gruppenharmonie und Konformität der Mitglieder – die Normen sind „gesetzt".

Man sucht die Vertrautheit mit den Anderen und den Zusammenhalt – die Gruppe wird zur „Heimat".

Man sucht vornehmlich das Gemeinsame (streamlined shape) – Ähnlichkeiten werden betont und Differenzen verdrängt

Worauf Führungskräfte in der Phase 2 achten müssen:

- Den Gruppenzusammenhalt festigen und zugleich der „folie en groupe" entgegenwirken.
- Die Vertrautheit und den Teamgeist wertschätzen und spielen lassen.
- Kräfte-Synergien – nicht nur durch die Verstärkung und Bündelung der Gemeinsamkeit nutzen; auf Synergiepotenziale der Andersartigkeit und Diversity/Multitude verweisen und dafür sensibilisieren.
- Diskurskultur und Kompetenzen zur Konfliktbewältigung proaktiv fördern (Konfliktmanagement)

(Fortsetzung)

Tab. 2.2 (Fortsetzung)

Phase 3: Leistung – Working and Storming

„Wir sind leistungsfähig und schaffen Gutes!" Mission und Aufgabe der Gruppe sind handlungsleitend.
Leistungs- und Ergebnisorientierung der Gruppe sind ausgeprägt und richtungsweisend und bestimmen die Motivation.
Differenzen dürfen sein. Man reibt sich aneinander, vereint in der gemeinsamen Zielsetzung der Leistungserbringung. Aushandlungs- und Diskurskultur hat hier ihren Platz

Worauf Führungskräfte in der Phase 3 achten müssen

- Die Leistungsfähigkeit der Gruppe unterstützen.
- Lernprozesse fördern (Reflexion).
- Anerkennung/Wertschätzung klar signalisieren.
- Konfliktmanagement praktizieren, Konflikte als „fruchtbare Energie" behandeln

Phase 4: Reife – Maturity/Performing

„Der Erfolg gibt uns Recht! Uns kann niemand was anhaben – uns geht es gut! Wir wissen, wer wir sind, was wir können und was wir haben. Das Überleben und der Komfort scheinen gesichert!"
Es geht darum, das Bestehende zu wahren – die kulturellen Gewohnheiten, wie auch den Erfolg.
Man wächst „automatisch" – die „Früchte der Ernte" werden als selbstverständlich betrachtet.
Kreativität und revolutionäre Ansichten bzw. Optionen bzw. Notwendigkeiten einer Veränderung wirken bedrohlich

Worauf die Führungskräfte in der Phase 4 achten müssen

- Die Anpassungs- und Reformationsnotwendigkeit nicht verpassen.
- Der **Bequemlichkeits-** und **Selbstgefälligkeitsfalle** nicht verfallen. Wachsam sein und selbstkritische Reflexion nicht vergessen. Die bestehenden Annahmen und Gewohnheiten kritisch prüfen.
- Die Veränderungen und Erfordernisse des Marktes sorgsam überwachen und einbringen. Vorausschauen, nicht nur zurückschauen.
- Die Balance zwischen Konstanz/Kontinuität und Wechsel/Veränderung zu halten suchen.
- **Kreativität** und „Bewegungsfreude" (**Agilität**) einfordern und ermöglichen.
- Sich darauf einstellen, dass man mit der Forderung nach „neu" auf Widerstände stoßen wird. Strategien zum Umgang mit **Widerständen** einsetzen

Innen und **Außen.** Dafür wiederum muss die Grenze zwischen Innen und Außen permeabel sein (s. a. Abb. 2.2). Es ist in Organisationen kaum möglich, sich den mannigfaltigen Einflüssen von Außen (z. B. technologischen Entwicklungen, kulturell-gesellschaftlichen Strömungen im Zusammenhang mit Führung und Autorität oder dem Einzug neuer Menschen und Ideen in die Unternehmen) zu entziehen, die ihre Spuren hinterlassen. Die spezifische Form der Veränderung, die durch den kulturellen Austausch erfolgt, nennt man **Hybridisierung.** So gesehen sind Organisationskulturen kulturelle Hybride bzw. Amalgame kultureller Phänomene, entstanden im Laufe der Geschichte einer Organisation (Erll und Gymnich 2014, S. 26).

2.4 Organisationskultur hat verschiedene Funktionen

Um sich mit Lust und Motivation einem so undurchsichtigen, schwer fassbaren Thema wie Organisationskultur zuzuwenden, dürfte es für viele Führungskräfte hilfreich sein, sich vor Augen zu führen, wozu sie dient (Abb. 2.5) (Straub et al. 2007, S. 15):

2.4.1 Das Überleben sichern

Berechtigterweise wird Organisationskultur als „Niederschlag des Erfolgs" eines Unternehmens bezeichnet: „Hätten wir es nicht richtig gemacht, gäbe es uns nicht mehr!" (Schein 2010, S. 70) Diese zunächst valide Konklusion birgt zugleich Täuschungspotenzial in sich. Im Nachhinein kann nicht analytisch präzise zwischen Handlungen und Charakteristika unterschieden werden, die „erfolgsrelevant" und solchen, die „erfolgsneutral", oder sogar „erfolgsschädigend" waren (Neubauer 2003, S. 22). Zudem steckt in der Metapher des Erfolgs-Niederschlags eine **psychologische Falle,** indem die Erfolgsbedingungen der Vergangenheit für gültig gehalten werden, ohne die Umweltveränderungen (der Zukunft) adäquat zu berücksichtigen (Berner 2012, S. 18). Nichtsdestotrotz heißt es zu beachten, dass

Abb. 2.5 Sinn und Funktion der Organisationskultur

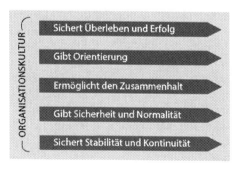

der bisherige Erfolg und die Art und Weise, wie man ihn errang, das Identitäts- und Selbstwertgefühl Einzelner ausmacht. Die lieb gewonnenen Praktiken und Wertigkeiten, die subjektiv gesehen erfolgsrelevant waren, bei Veränderungen in den Schmutz zu ziehen würde die Integration von Mitarbeitenden behindern und sich kontraproduktiv auswirken.

2.4.2 Orientierung geben

Die Organisationskultur **gibt Orientierung.** Zu wissen, wie die Dinge sind und wie man sie macht oder was wie interpretiert werden soll etc. hilft bei den vielen Entscheidungssituationen des Alltags, sich „**richtig**" zu verhalten. Dass man aus praktisch jeder internen Sitzung mit einer halblaut gemurmelten Entschuldigung oder ohne Vorwarnung hinauslaufen kann, wenn „der Kunde" per sms ruft, ist z. B. ein kultureller Usus. Dass man Privates aus den Konversationen im Geschäft heraushält und in semigeschäftlichen Situationen ausschließlich Themen wie die aktuellen Sportergebnisse sowie Land- und Weinkunde aufgebracht werden, wäre ein anderer.

2.4.3 Zusammenhalt ermöglichen

Die Organisationskultur **ermöglicht Zusammenhalt (Kohäsion)** – stärkt den Kitt zwischen den Mitarbeitenden. In gemeinsamer, geteilter Kenntnis der organisationalen Mikrowelt und mit Rückgriff auf die gemeinsame Sprache versteht man einander, ohne sich erklären zu müssen. An diesem „Wissen" erkennt man seinesgleichen und fühlt sich zugehörig. In der Realität geschieht das z. B. über den Jargon aus Fachausdrücken oder über die Art und Weise, wie man auf Kunden referiert (z. B. ehrwürdig-respektvoll, liebevoll-verniedlichend, ironisch oder sarkastisch etc.), respektive im Umgang mit Sprüchen und Anspielungen. Welche Färbung in der Kommunikation auch immer gewählt wird, sie stiftet einen gemeinsamen Grund.

2.4.4 Sicherheit und Normalität garantieren

Die Organisationskultur **gibt Sicherheit und Normalität.** Ein gemeinsames **Weltbild** und darin das geteilte **Verständnis der Dinge,** zudem die gleiche Betrachtung und Interpretation von Mehrdeutigkeit stiften das Gefühl von „richtig sehen, richtig denken und richtig entscheiden". Kulturelles Wissen verfällt nicht von einem Tag auf den anderen. Auf einem solch „sicheren" Boden fühlt man sich handlungsfähig. Gerade hier steckt aber die Gefahr, dass sich z. B. ganze Geschäftsleitungen und Institutionen gegenseitig in Erfolgs- bzw. Kontinuitätsillusionen wiegen und wichtige Risikos übersehen bzw. korrektive Schritte unterlassen. Als Beispiele können Swiss-Grounding oder die Marktverluste der Nokia-Mobile-Telefone herangezogen werden.

2.4.5 Stabilität und Kontinuität schaffen

Die Organisationskultur schafft das Gefühl von **Stabilität und Kontinuität.** Traditionen, die via „Kultur" weitergegeben werden und überdauern, erlauben es, das Vertraute und Bekannte – ein Stück **beruflicher „Heimat"** – auch nach längeren Abwesenheiten wiederzufinden. Gerade in Zeiten von tief greifenden Veränderungen z. B. auf struktureller Ebene, können kulturelle Aspekte (sofern diese auch mit den neuen Strukturen zu vereinbaren sind und in diesem Sinne überdauern können) ausgleichend wirken und zu den Dingen gehören, die „bleiben wie das Amen in der Kirche".

Wichtiges auf einen Blick zu Kap. 2 „Was Sie über das Wesen der Organisationskultur wissen müssen"
1. Organisationskultur ist kein Mythos. Verfallen Sie aber nicht der Illusion ihrer Fassbarkeit! Betrachten Sie ihre „Architektur" im Sinne eines Modelles und bleiben Sie demütig, wenn es ums „Errichten" einer Organisationskultur geht! Was Sie als Führungskraft realistischerweise machen können, ist zweierlei: Zum einen die **Veränderungen in Ihrer Organisation kultursensitiv gestalten** und zum anderen der Kultur durchaus auch Ihren Stempel aufsetzen – Letzteres allerdings nur **langzeitorientiert.**
2. Achten Sie darauf, dass Ihre Teamkultur bzw. Organisationskultur genügend offen und **anpassungsfähig** bleibt. Hinterfragen Sie herrschende „Selbstverständlichkeiten" des Handelns und der Meinungen. Nutzen Sie neue Mitarbeitende, Kunden und „Gäste", um die eigene Organisationskultur durch ihre Augen zu betrachten und zu reflektieren. Sorgen sie dafür, dass die Einflüsse und Herausforderungen von Außen in einer **„verdaubaren"** Art und Weise aufgenommen werden können.

3. Wenn Sie „Kulturveränderung" und „Kulturentwicklung" im Fokus haben –
   rechnen Sie dem Prozess genügend Zeit ein. Innerhalb von 1–2 Jahren
   „alles auf den Kopf zu stellen" geht nicht! Gehen Sie behutsam vor – nach
   dem **Prinzip der „Verträglichkeit" und der „Empfänglichkeit"** – wie in
   der Erziehung eines Kindes.

4. Nutzen Sie Ihr Wissen um die konstruktive **Funktionalität** der Organi-
   sationskultur:
   - Seien Sie offen für Andersartiges und Neues – hinterfragen sie die
     postulierten Erfolgsfaktoren in Ihrer Organisation kritisch! Dennoch –
     die so häufig vorgebrachte Parole „Es wird nichts mehr, wie es war…
     kein Stein bleibt auf dem anderen!" ist im Rahmen auch massiver
     Veränderungen unangebracht und kontraproduktiv. Kultursensitives
     Vorgehen bei Veränderungen ist ein **Seiltanz** – Ihre Konzentration und
     Geschmeidigkeit sind gefragt!
   - Machen Sie sich den herrschenden **„kulturellen Codex"** Ihrer Firma
     bzw. Ihres Teams explizit. Thematisieren Sie diesen mit Ihren Mitar-
     beitenden – gestalten Sie ihn – sofern nötig und angebracht.
   - Pflegen und zelebrieren Sie den **„Kultur-Kitt",** der ihr Team zusam-
     menhält, so z. B. die Sprache und die Rituale. Tolerieren und würdigen
     Sie aber auch andere „(Team-)Kulturen" in der Organisation – behan-
     deln Sie diese gleichwertig und lernen Sie ihre Sprache sprechen.
   - Wiegen Sie sich nicht „zu fest" in der beruhigenden „Normalität" und
     „Sicherheit", die Ihnen die gewohnte Sicht der Dinge gibt. Verlieren Sie
     Ihren Sinn für **„Mehrdeutigkeit"** nicht.

Wie Sie sich mit Ihrer Organisationskultur vertraut machen

3

3.1 Erfassen Sie die Elemente der Organisationskultur

In Anlehnung an die Modelle von E. Schein und M. J. Hatch (Neubauer 2003, S. 62, 67) enthält die Organisationskultur folgende Elemente (Abb. 3.1):

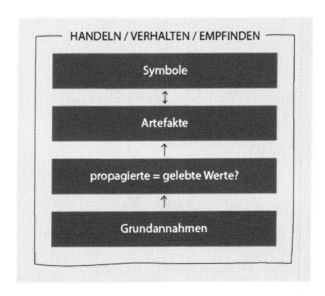

Abb. 3.1 Elemente einer Organisationskultur nach Edgar Schein

© Springer Fachmedien Wiesbaden GmbH, ein Teil von Springer Nature 2018
M. Spisak, *Kultursensitive Führung*, essentials,
https://doi.org/10.1007/978-3-658-21198-1_3

Die einzelnen Elemente sind hierarchisch geordnet (Schein 2010). Um eine Organisationskultur zu verstehen, ist die Erfassung aller wichtig. Besonders anspruchsvoll ist das Entschlüsseln der „tiefsten Ebene", auf der die **„basic assumptions"** liegen, weil diese dem Bewusstsein nicht a priori zugänglich sind (s. a. Abschn. 3.1.1). Für Schein liegt in ihnen die Essenz einer Organisationskultur. Nur wenn man das Strickmuster der „Grundannahmen" erkennt, ist man in der Lage, die darüber liegenden **Werte und Normen** bzw. die sichtbaren **Artefakte** (Konkrete Verhaltensweisen, Strukturen und Prozesse wie auch materielle Aspekte) und **Symbole** richtig zu sehen und zu interpretieren (Schein 2010, S. 27–32).

Der Weg zum Verständnis einer Organisationskultur erfolgt nicht „von oben nach unten". D. h. aus beobachteten Artefakten dürfen keine standardisierten Ableitungen auf die Grundannahmen getroffen werden! So kann beispielsweise aus einem eher trockenen und derben Umgangston im Rahmen einer Sitzungskultur, die sich durch Kürze und geringe Häufigkeit auszeichnet, keineswegs linear auf eine „kommunikationsverachtende Einstellung und Desinteresse an menschlichen Belangen" bzw. auf ein spezifisches Menschenbild geschlossen werden. Vielleicht handelt es sich hier um ein überschaubares Familienunternehmen, in dem man sogenannte „Arbeitsthemen" informell, wenig strukturiert, aber dennoch gründlich bespricht. Die (unausgesprochenen, häufig unbewussten) Grundannahmen müssen aus der (Lern-)Geschichte und aus dem Kontext des Unternehmens entschlüsselt werden, damit man sich der Interpretation der darüber liegenden Werte und Artefakte nähern kann (Schein 2010, S. 32).

Aus ihrer prägenden Rolle heraus beeinflussen gerade Führungskräfte die kulturellen Grundannahmen in besonderem Maße. Aufgrund ihrer **Machtposition und Vorbildfunktion** fließen ihre Welt- und Menschenbilder, implizite Persönlichkeitstheorien, die ethisch-moralische Haltung bzw. Überzeugung dessen, was Erfolge ausmacht und was eine gelungene Existenzform ist besonders stark ein. Sie tragen somit auch die entsprechende Verantwortung für einen bewussten Umgang mit der Macht und Vorbildfunktion (E. Schein 2010; M. J. Hatch 1993; Huppenbauer 2017).

3.1.1 Grundannahmen – Basic Assumptions

Die Basic Assumptions sind fundamentale, unbewusste Überzeugungen, welche unser Wahrnehmen, Denken und Urteilen sowie Gefühle und Handlungen steuern. Sie geben dem Menschen Kontinuität, Verlässlichkeit und Sicherheit. Beispielsweise steht in vielen Organisationen Westeuropas das individuelle Wohl und Freiheit mit hoher Selbstverständlichkeit über dem Wohl der Gruppe/des Teams.

Man stellt sich zwar „in den Dienst der Anderen", aber es wird nicht erwartet, dass man sich „für die Anderen aufopfert". Es steht außer Frage, dass jeder (erwachsene, gesunde) Mensch für sich selbst verantwortlich ist.

In der ausgeprägten **„internalen Kontrollüberzeugung"** („Ich kann mein Leben an die Hand nehmen und gestalten."), die beispielsweise in den USA kulturell stark verankert ist, spiegelt sich die Grundannahme, dass Menschen vieles/alles machen und lenken können („yes, we can"). So entsteht der Anspruch, „Kulturen" zu gestalten bzw. „Teams zu entwickeln" etc. In Ländern, in denen diese **Kontrollüberzeugung „external"** ist („Es ist die Umwelt, es sind die Anderen bzw. es ist eine höhere Macht, die letztendlich entscheidet, was passiert; das einzelne Individuum bewirkt nur wenig."), dürfte beispielsweise „Teamentwicklung" als Ansatz schlichtweg surreal wirken.

Gewisse Grundannahmen entstehen aufgrund wiederholter und bewährter Erfahrung. In vielen Organisationen ist die Überzeugung verinnerlicht, Konkurrenten seien vornehmlich auf Wettbewerb aus, denn in der Welt der begrenzten Märkte sorge jeder für sich auf Kosten des anderen. Solche inneren Haltungen aktivieren spezifische Erwartungen, wie z. B. „wenn wir nicht aufpassen, werden wir über den Tisch gezogen". Diese wiederum beeinflussen die Wahrnehmung, Gedanken und Gefühle in Bezug auf den Umgang mit Konkurrenten. Letztere werden als „potenzielle Angreifer" gesehen, gegen die man sich proaktiv wehren muss. Kampf und Aggression werden in der Wahrnehmung zu Haupt-Erfolgsfaktoren, die sich über die Zeit hinweg bestätigen, womit ein entsprechender Wert (aggressive Haltung gegen die Konkurrenz) etabliert wird.

Solche Grundannahmen zu hinterfragen ist nicht leicht. Es erzeugt Ängste und Abwehr. Immer dann, wenn „neue Werte" im Widerspruch zu den herrschenden Grundannahmen stehen, wird der **Transformationsprozess** harzig ausfallen. Im Rahmen von Veränderung ist dies häufig der Fall und zugleich ein Grund für den gezeigten Widerstand. Diesen zu überwinden gelingt nur, wenn die „neuen Werte" relativ schnell als „erfolgreich" erlebt werden, Annehmlichkeiten für Einzelne mit sich bringen und mit Sinnhaftigkeit verknüpft werden. So könnte das Erleben gewinnbringender Kooperationen mit Konkurrenten im Rahmen ausgewählter Projekte, die Augen öffnen und zu einem „Umlernen" führen.

3.1.2 Die Werte

Bei Werten handelt es sich um **normative und moralische Anker,** mit denen versucht wird, das Verhalten der Mitarbeitenden zu steuern. Explizite Unternehmensziele und Leitsätze, der Verhaltenskodex und die Spielregeln, Unternehmensstrategien bzw.

Politik und Ideologie gehören dazu. Bis zu welchem Ausmaß die Steuerung gelingt, hängt ab von

• der **Übereinstimmung** der propagierten Werte mit den herrschenden Grundannahmen sowie
• dem **Erfolg,** den das wertekonforme Verhalten für die Organisation und ihre Mitglieder garantiert.

Z. B. wird in Architekturkreisen das Bauen häufig nach den Werten der Ästhetik und der konzeptuellen Stimmigkeit ausgerichtet. Viele Architekten sehen sich als Künstler. In der Folge werden Pragmatik und Funktionalität nur mit zweiter Priorität berücksichtigt, was u. U. Reibungen zwischen den Architekten, Bauherren und Funktionalitätsverantwortlichen (z. B. den Facility Managern) erzeugt, weil die Beteiligten von unterschiedlichen Wertigkeiten ausgehen.

Wie Neubauer treffend ausführt, ist es für die Wirksamkeit der Führung essenziell, dass die postulierten Werte mit den zugrunde liegenden Annahmen systematisch zusammenhängen und es sich nicht um rationale Erklärungen der eigenen Ziele bzw. verbale Bekundungen allgemein ethischer Prinzipien handelt (Neubauer 2003, S. 64). Die Struktur der geltenden Werte zu entschlüsseln gelingt nur vor dem Hintergrund eines umfassenden Verständnisses der Grundannahmen einer Organisation und ist keineswegs trivial (s. o.).

Werte werden in Handlungen umgesetzt. Diese führen zu Ergebnissen und in einem weiteren Schritt zu Artefakten (s. u. Abschn. 3.1.3). Beispielsweise dürfte eine werteverankerte Konkurrenzhaltung und Kampforientierung in einer Organisation dazu führen, dass man sich grundsätzlich und mit Bedacht schützt – nach Außen, aber auch intern. Informationen werden streng kontrolliert, vieles ist geheim. Man gibt sich bedeckt. Das Bild, das man nach Außen abgibt, wird „verteidigungstaktisch" gestaltet. Die Kommunikationsabteilung bekommt eine hohe Signifikanz. Authentizität und Transparenz als Werte können in dieser Hinsicht kaum gelebt werden. Intern schottet man sich von anderen Teams oder Abteilungen ab.

Wenn in Organisationen neue Handlungsregelungen eingeführt werden, die mit den bestehenden (gelebten) Werten übereinstimmen, dürfte man mit guten Erfolgschancen rechnen. Ist das nicht der Fall – z. B. wenn im gegebenen Beispiel plötzlich die Forderung nach einer offenen Kommunikation und durchlässigen Schnittstellen zwischen den Abteilungen aufkommt, sind zunächst fehlende Akzeptanz und Widerstand vorprogrammiert (Neubauer 2003, S. 69).

3.1.3 Die Artefakte

Beim Betreten einer neuen Organisation sieht, hört und fühlt man verschiedene Phänomene, die Edgar Schein als „Artefakte" bezeichnet: Es geht zu wie in einem Ameisenhaufen: Menschen laufen zwischen den Tischen und in den Gängen hin und her, man redet, während man nebeneinander „rennt", trennt sich dann praktisch ohne Gruß. Alle Mitarbeitende haben einen Garagenplatz garantiert. Die Geschäftsleitungsmitglieder fahren Autos der Marken Maserati oder Porsche. An den Wänden hängt „echte" Kunst etc.

Unter Artefakten wird verschiedenes subsumiert:

- Manifeste **Verhaltensweisen** (z. B. wie Führungskräfte mit den Mitarbeitenden kommunizieren, wie die Zusammenarbeit in Teams und zwischen den Teams geregelt ist und abläuft etc.),
- **Strukturen** (z. B. Laufbahn- und Beförderungsstrukturen),
- gelebte **Prozesse** (z. B. wie werden offene Führungsrollen besetzt und wie erfolgt die Einarbeitung in eine Rolle),
- aber auch **Logos** und **Statusmerkmale,** die Sprache und Umgangsformen, **Rituale,** Stil der Kleidung und Architektur sowie Legenden und Geschichten, die man sich erzählt.

Artefakte sind relativ leicht zu beobachten und zu beschreiben, doch hinsichtlich ihrer Bedeutung für die Organisationsmitglieder zunächst kaum zu entschlüsseln. Sie zu verstehen gelingt erst, wenn man mit den gelebten Werten und den Grundannahmen vertraut ist.

Artefakte entwickeln sich kulturspezifisch. So kann beispielsweise das lang gepflegte Ritual, dass Mitarbeitende an ihrem Geburtstag einen Blumenstrauß bekommen, zum Symbol der Würdigung werden – sofern es kompatibel ist mit den gelebten Werten und Grundannahmen. Ist Letzteres nicht der Fall, könnte eine solche Geste als Camouflage der menschenverachtenden Realität bzw. als Verhöhnung empfunden werden. Bestimmte (nicht alle) Artefakte in einer spezifischen Organisationskultur erhalten Symbolcharakter (s. u. Abschn. 3.1.4).

3.1.4 Die Symbole

Wenn Artefakte in Organisationen mit einer besonderen **Sinngebung** verknüpft werden, können sie einen **Symbolcharakter** entwickeln. Weil beispielsweise vielerorts die Firmenführung in den oberen Etagen situiert ist, wurde die „hohe Etage" zum Symbol für Macht.

Symbole können sich aber auch sehr organisationsspezifisch entwickeln. So bekam eine Geschichte, die sich über den ehemaligen Chrysler Star-Manager Lee Iacocca verbreitet hat, einen Symbolcharakter für seinen Führungsstil: Als einer der Ingenieure Lee Iacocca seine Kündigung vorgelegt hat, weil er aufgrund eines technologischen Berechnungsfehlers eine hohe Geldsumme „in den Sand gesetzt hatte", zerriss Iacocca diese mit den Worten, er wäre wahnsinnig, einen Mitarbeitenden wegzuschicken, in den er soeben eine Million Dollar investiert hätte (Iacocca und Novak 1988).

Symbole (z. B. das Kreuz bzw. der Hahn in christlichen Religionen oder die um einen Stab gewundene Schlange, auf die Ärzte ihren Eid schwören etc.) repräsentieren in verdichteter Weise Wissen, Sinnhaftigkeit und Bedeutung, die einer bestimmten „Kultur" eigen sind. Sie dienen somit als **Identifikationszeichen.** Das Wesen und die Kraft der Symbole wird einem vor Augen geführt, wenn man daran denkt, welche Wirkung es hat, wenn Symbole wie Gotteshäuser, Regierungsgebäude oder Nationalfahnen von Menschengruppen verschandelt und zerstört werden. Solche (symbolischen) Handlungen werden als hoch aggressiv empfunden. Zu denken „es ist ja nur ein Haus", bzw. „es ist nur eine Stoffbahn" ist hier kaum möglich.

3.2   Erkunden Sie die Charakteristika einer Organisationskultur

Spürbar und erkundbar wird die Organisationskultur im Arbeitsalltag, indem man sich dem Organisationsklima zuwendet und es mittels bestimmter **Dimensionen** (Charakteristika) beschreibt (Schein 2010, S. 24). Zudem werden Organisationskulturen zu **Typen** zusammengefasst und so veranschaulicht.

3.2.1   Beschreibungsdimensionen der Organisationskultur

Wie eine Organisation (Abteilung, Team) kollektiv wahrgenommen wird, spiegelt sich relativ zuverlässig im Organisationsklima. Dieses ist von Außen und von Innen beschreibbar. In die Beschreibung fließen individuelle Sichten und Empfindungen ein – man kann auch von **„psychologischem Klima"** sprechen. Das Organisationsklima kann (wie auch das individuelle psychologische Klima) gemessen, d. h. von den Mitarbeitenden erfragt werden. Im Gegensatz zur Arbeitszufriedenheit ist die Frage nach dem Organisationsklima zunächst nicht bewertend (evaluativ) sondern beschreibend (deskriptiv). In der Forschung und der angewandten Organisationsberatung wurden verschiedene Dimensionen ausgemacht, anhand derer sich eine Organisationskultur charakterisieren lässt. Welche Dimensionen für eine Organisation wichtig sind, entscheidet sich „von Fall zu Fall". Aus der Beobachtung/Beschreibung solcher Dimensionen bzw. Charakteristika erschließen sich die kulturellen Werte und Artefakte und es können Grundannahmen einer Organisation reflektiv-deduktiv aufgedeckt werden. Praktiker und Forscher wie Baitsch und Nagel oder Kobi und Wüthrich schlagen folgende Beobachtungsdimensionen für den Einsatz vor – im Sinne einer Anregung (Tab. 3.1 und 3.2):

Tab. 3.1 Kulturelle Beobachtungsdimensionen von Baitsch und Nagel (2008)

1	**Umgang mit Zeit** Mögliche Ausprägungen: Kein Handeln ohne gründliches Nachdenken; Zeit ist Geld, lieber mutig falsch entscheiden als gar nicht
2	**Definition von Wahrheit** Mögliche Ausprägungen: Wahr ist, was die Mitarbeitenden definieren; Wahr ist, was der Chef oder der Experte sagt
3	**Haltung gegenüber Veränderung** Mögliche Ausprägungen: Veränderung bringt Unruhe, Unordnung und Verunsicherung; Veränderung hält uns wach und fit
4	**Zumutbarkeit** Mögliche Ausprägungen: Mitarbeitende sagen, was ihnen zumutbar ist; was zumutbar ist, steht im Gesetz oder Zumutbarkeit entscheidet das Management
5	**Einstellung gegenüber Fehlern** Mögliche Ausprägungen: Fehler bedeuten Versagen und dürfen nicht passieren; Fehler sind wertvolle Hinweise auf Optimierungspotenzial
6	**Umgang mit Fehlern** Mögliche Ausprägungen: Fehler sind „geräuschlos" zu beheben – bei Bedarf zu vertuschen; aus Fehlern wird offen und transparent gelernt und so werden neue Fehler vermieden
7	**Egoismus vs. Solidarität** Mögliche Ausprägungen: „Jeder ist sich selbst der Nächste"; „Einer für Alle und Alle für Einen"
8	**Leistungsorientierung** Mögliche Ausprägungen: Arbeit ist Arbeit – darf auch mal weh tun; Ziele zu erreichen/clever Geld zu verdienen macht stolz

(Fortsetzung)

Tab. 3.1 (Fortsetzung)

9	**Umgang mit Wissen** Mögliche Ausprägungen: Wissen teilen ist für alle ein Gewinn; Wissen ist Macht, mit der man taktisch umgeht; Macht hat, wer sie sich nimmt
10	**Macht** Mögliche Ausprägungen: Jede Funktion/Rolle hat ihre zugehörige Macht; Wissen und Können entscheiden, wer das Sagen hat
11	**Autonomievorstellungen des Unternehmens** Mögliche Ausprägungen: Wir brauchen uns um niemanden zu kümmern, wir sind unser eigener Maßstab; was wir zu tun haben, wird vom Markt diktiert

Tab. 3.2 Kulturelle Dimensionen einer Organisation nach Kobi und Wüthrich (1986)

1	Kundenorientierung	Haltung gegenüber dem Kunden, Beziehungsqualität zum Kunden, Nähe zu Kunden, Umgangsformen etc.
2	Mitarbeiterorientierung	Einstellung und Verhalten gegenüber den Mitarbeitenden, praktizierte Führungsstile, Vertrauen, Partizipation und Delegation etc.
3	Leistungsorientierung	Arbeitshaltung, Leistungsintensität, Aggressivität, Leistungsqualität etc.
4	Innovationsorientierung	Lernbereitschaft und Veränderungswille, Investitionsverhalten, Entscheide unter Unsicherheit, Flexibilität etc.
5	Kostenorientierung	Bewusstsein und Fokussierung der Effizienz, Sparhaltung etc.
6	Kommunikationsorientierung	Kommunikationsstile und -häufigkeit (extern und intern), Umgang mit Informationen etc., Stellenwert der Kommunikation im Unternehmen etc.
7	Technologieorientierung	Technologisches Entwicklungsniveau, Bedeutung von „Wissenschaftlichkeit" im Rahmen der Arbeitsweise etc., Beachtung und Wertschätzung neuester Technologien, technologische Lernbereitschaft etc.

Die Dimensionen erlauben eine quantifizierende Darstellung einer Organisation und sind zweifelsohne eine praktikable Option, um sich auch ohne empirische Analysen dem Verständnis einer Organisationskultur anzunähern. Zugleich wird Letzteres als ein Kritikpunkt betrachtet.

Ansätze, die empirisch-analytische Methoden zur Ausarbeitung von Kulturdimensionen in Organisationen gewählt haben, wie z. B. die Ansätze von Hofstede und Marré, kommen zu Dimensionen, die in den Tab. 3.3 und 3.4 dargestellt werden. Die Palette solcher Dimensionsraster ist groß. Die meisten können für die Praxis verwendet werden. Unternehmen lassen sich durch ihre jeweilige Ausprägung auf diese Verhaltensdimensionen unterscheiden (Neubauer 2003, S. 89), sodass verschiedene Organisationsklimas/Abteilungsklimas zum Vorschein kommen. Es liegt auf der Hand, dass ein bestimmtes Organisationsklima das Verhalten und die Einstellungen von Mitarbeitenden beeinflusst. Wenn z. B. innovatives Denken oder „out oft the box"-Lösungen erwünscht sind und gefördert werden, lernen Mitarbeitende ihre diesbezüglichen Ressourcen und Potenziale zu nutzen. Mitarbeitende, die Spaß daran haben, werden in einem „innovativen" und „kreativen" Klima mit Freude an ihrer Kunstfertigkeit schleifen. Menschen, die über wenig Kreativität und Innovationsfreude verfügen, dürften sich ab einem bestimmten

Tab. 3.3 Dimensionen der Organisationskultur von Hofstede. (Hofstede und Hofstede 2011) oder Minkov und Hofstede (2011)

Prozessorientierung	vs.	Ergebnisorientierung
Mitarbeiterorientierung	vs.	Aufgabenorientierung
Identifikation mit der Organisation (Organisationsgebundenheit)	vs.	Identifikation mit der Aufgabe (Fokussierung auf Professionalität)
Offenheit (Blickrichtung/Orientierung nach Außen)	vs.	Geschlossenheit einer Organisation (Blickrichtung/Orientierung nach Innen)
Schwache Steuerung/Kontrolle	vs.	starke Steuerung/Kontrolle
Normative, auf Regeln basierende Aufgabenorientierung	vs.	Pragmatismus und Orientierung an Marktbedürfnissen

Tab. 3.4 Dimensionen der Organisationskultur nach Marré. (Neubauer 2003, S. 88)

Mitarbeiterorientierung
Qualität der **Zusammenarbeit** (Strukturiertheit und das Zusammenfunktionieren)
Kontrolle der Arbeitszeiten
Status und Hierarchie (die Bedeutung von Hierarchien für die Unterscheidung von Mitarbeitenden)
Herausforderung und **Motivation** (Faktoren der Leistungsbereitschaft wie Anforderungsprofile von Aufgaben, persönliche Gestaltungsmöglichkeiten etc.)
Ergebnisorientierung (Fokussierung auf den Gewinn und den Output)

Grad überfordert und unwohl fühlen. Auf individueller Ebene stellt sich die Frage, wie „funktional" bzw. wie „gesund" ein bestimmtes Organisationsklima für eine bestimmte Person ist. Auf kollektiver Ebene fragt man nach der **Funktionalität** einer Kultur für eine Leistungsgemeinschaft. In diesem Sinne fließt das Organisationsklima auch in die Arbeitszufriedenheit und Leistungsfähigkeit ein. Bestimmte Organisationsklimas ziehen bestimmte Menschen an, was letztendlich zur Stabilisierung einer Kultur beiträgt und ihren überdauernden Charakter miterklärt.

Eine weitere Nutzung von Kulturdimensionen besteht darin, sich die Ausprägung der **Kulturdimensionen „erfolgreicher" Unternehmen** vor Augen zu führen und sich als Organisation daran zu vergleichen oder auszurichten. Hierbei ist allerdings stets die Kontextabhängigkeit des Erfolgs zu beachten! O'Donovan hat im Rahmen seiner Studien in Hong Kong 24 Charakteristika ausgearbeitet, die eine gesunde, bzw. lern- und innovationsfähige Kultur ausmachen (Schein 2010, S. 173–174). Besonders erwähnenswert im Sinne von Anregung für Führungskräfte erscheinen uns die Folgenden:

Charakteristika einer lern- und innovationsfähigen Unternehmenskultur

- Interne **Kontrollüberzeugung** der Mitarbeitenden („ich kann was bewirken")
- Unterschiedlichkeit des Denkens und der Meinungen (**Multitude**), die bejaht wird
- Organisationsbezogene Aspekte wie echtes Commitment zu den **Unternehmenswerten** (nicht nur im Sinne von public relation statements)
- Authentisches **Öffentlichkeitsbild** „public image" der Organisation
- Fokussierung auf „Dienstleistungen und Produkte **verantwortungsvoll** zur Verfügung stellen" (nicht primär/einzig auf „shareholder value steigern")
- moralisch-ethische **Entscheidungsfindung**
- **dezentrale Personalentwicklung** und **Weiterbildung** – lokal verankert
- offene **Kommunikation**
- **Integration** von Einzelinteressen und Gruppeninteressen, wenn es um Resultate geht
- kurze **Antwortzeiten** auf Kundenanfragen
- Ausdruck von **Emotionalität** ist erlaubt und wird gelebt

3.2.2   Typen von Organisationskulturen

Mitunter werden die Charakteristika einer Organisationskultur kombiniert, um bestimmte Typologien der Organisationskultur zu erhalten. Mit dem Blick auf **Personenorientierung** und **Leistungsorientierung** in Organisationen leitet Claus D. Eck vier verschiedene Kultur-Typen ab: Fürsorglichkeitskultur, Integrative Kultur, Apathische Kultur und Antreiber Kultur (Abb. 3.2).

Eine rezeptartige Gestaltung der Kulturdimension in Richtung einer erwünschten Kategorie vorzuschlagen wäre anmaßend und unrealistisch. Allerdings führt das Typologisieren zur Auseinandersetzung mit sich selbst. Dabei kommen wichtige **organisationale Aspekte** zum Vorschein. Der Blick der Führungskraft wird gezielt auf spezifische Themen gerichtet und es entstehen begründete Impulse für konkrete Veränderung.

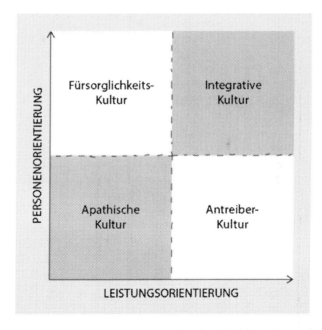

Abb. 3.2 Typologie einer Organisationskultur anhand zweier Dimensionen: „Personenorientierung" und „Leistungsorientierung". (Eck 2002)

3.3   Positionieren Sie sich in Ihrer Organisationskultur

Die Mitglieder einer Organisation „leben automatisch" eine Kultur. Diese distanziert und „mit fremden Augen" zu betrachten fällt eher schwer. Es gelingt leichter, wenn man von Außen den Kulturkreis eines Unternehmens betritt. Nichtsdestotrotz ist es auch alteingesessenen Führungskräften möglich bewusst einen Schritt zurückzutreten und die Firma bzw. die eigene Abteilung oder das Team sozusagen „von Außen", unterstützt z. B. durch die „Brillen" der oben vorgestellten Dimensions-Skalen, zu betrachten. Dies bedarf zweifelsohne **Klugheit** und denkerischer Flexibilität, mentaler **Distanzierung** und des **Perspektivenwechsels.** Unterstützt wird ein solcher Blick durch Externe – sei es neue Mitarbeitende und Kollegen/Kolleginnen, sei es durch professionelle Organisationsdiagnostiker.

Für die eigene Orientierung innerhalb der Organisationskultur ist Folgendes zu beachten:

1. Systematisch vorgehen
2. Die Elemente der Organisationskultur erfassen
3. Die Subkulturen und ihr Zusammenspiel verstehen
4. Die Passung zwischen der Person und der Organisationskultur kritisch hinterfragen

Als eine Präambel gilt dabei: Die Organisationskultur kann niemals ohne die Betrachtung ihres **Kontextes** (z. B. primary task, das wirtschaftliche, politische und gesellschaftliche Umfeld etc.) und ihrer **Geschichte** verstanden und beurteilt werden.

3.3.1   Systematisch vorgehen

Auf den ersten Blick „intuitiv und unkompliziert" und doch in der Konsequenz keineswegs „trivial" ist das hier vorgeschlagene pragmatische Vorgehen, dessen sich Führungskräfte bedienen können, um sich in der gegebenen Kultur zurechtzufinden (Tab. 3.5):

Tab. 3.5 Vorgehen bei der Beurteilung der Organisationskultur

Beobachten	• Was passiert, wie verhalten sich die Menschen; was tun sie und was tun sie nicht? • Was ist für sie selbstverständlich und gegeben? • Womit stoße ich an? Womit komme ich an? Warum? • Welche Menschen sind erfolgreich und welche nicht? • Worüber wird gesprochen und worüber nicht?
Fragen	• Wer spielt welche Rolle in der Firma? • Was muss man tun, um erfolgreich zu sein? • Was muss man tun, um „unbeliebt" zu werden? • Was sind die Erfolgsrezepte, die man sich erzählt? • Worüber klagt man – und wie viel? • Worüber freut man sich – und wie viel?
Vergleichen	• Welche Normvorstellung lebe ich – wie? Sind diese mit den Normvorstellungen, die ich bei meinen Kollegen/Mitarbeitenden/Vorgesetzten antreffe zu vergleichen? Was ist mir wichtig/wertvoll bzw. „heilig" und was ist hier den Menschen wichtig/wertvoll/heilig? • Was erachte ich als eine „Sünde" im Arbeitskontext? Was gilt hier als eine „Sünde"? • Welche Normvorstellungen haben sich z. B. in meiner alten Firma in welchem Verhalten manifestiert? Wie ist es hier?
In Erfahrung bringen	• Die Geschichte des Unternehmens: In welchem Kontext wurde man groß und warum? • Umbrüche in der Geschichte – wie sind sie passiert, durch was/wen ausgelöst und mit welchen Folgen? • Die Persönlichkeiten der Gründer – wie waren sie und wodurch waren sie prägend, welche Spuren und Abdrücke haben sie gesetzt? • Den aktuellen Kontext – die gesellschaftlich-politischen und wirtschaftlichen Zusammenhänge um die Organisation als solche
Reflektieren, nachdenken und diskutieren	• Was sind die Zusammenhänge zwischen dem, was ich sehe, dem Verhalten, der geschichtlichen Entwicklung des Unternehmens und des Marktes? • Wie sehen es andere? • Was sehe ich womöglich nicht? • Wo sind Konfliktpotenziale zu orten und wo Synergiemöglichkeiten?

(Fortsetzung)

3.3.2   Die Kulturelemente erfassen und beschreiben

Mit Rückgriff auf die bisherigen Erkenntnisse zur Beurteilung der Organisationskultur besteht eine wichtige Orientierungsleistung darin, individuelle und sorgsam reflektierte Antworten auf folgende Fragen zu finden:

* Was sind die unhinterfragten **Grundannahmen** (basic assumptions) unserer
  Kultur?
* Was sind propagierte **Werte** und **Normen?** Welche **Regeln** werden vorgegeben?
  Was wird gelebt?
* Was sind die kulturspezifischen **Artefakte, Gewohnheiten** und **Verhaltens-
  muster** und worin liegt ihre innere Logik? Wie sind sie entstanden? Wofür
  waren sie dazumal sinnvoll und nützlich (erfolgswirksam)? Sind sie es immer
  noch? Inwiefern?

Hierfür braucht es Zeit und ein wachsames, kritisches Auge sowie verbales
Ausdrucksvermögen (Begriffsreichtum), das eine facettenreiche Beschreibung
erlaubt.

3.3.3   Die Subkulturen und ihr Zusammenspiel verstehen

Um die kulturelle Dynamik differenziert zu verstehen, ist der Blick auf die Subkulturen einer Organisation und ihr Zusammenspiel angesagt. Für die Führungskraft ist dabei Folgendes von Interesse:

* Welche Subkulturen sind auszumachen und wie sind sie ausgeprägt?
* Welche Interaktionen finden statt und in welcher Form? Wie ist das **Macht-
  verhältnis** der verschiedenen Kulturen zueinander?
* Wie werden die **organisationalen Grundkonflikte** zwischen
  – Abhängigkeit vs. Autonomie,
  – Konkurrenz vs. Kooperation,
  – Kampf und Solidarität

angegangen? Beispielsweise ist es in einigen Forschungs-Organisationen selbstverständlich, dass Kooperation und Konkurrenz Hand in Hand gehen. Häufig werden
verschiedene Entwicklungs-Projekte im Wettbewerb zueinander abgewickelt. Nichtsdestotrotz können Mitglieder der verschiedenen Projekte bei einer Aufgabe außerhalb
davon problemlos kooperieren. Man spricht darüber ohne jegliche Ressentiments.

In anderen Organisationen passiert der Wettbewerb diskret, wird nach Außen hin kaum signalisiert, man betont ausschließlich Kooperation und Unterstützungsbereitschaft, aber im Stillen ist der Kampf verbissen und hartnäckig.

3.3.4   Die Passung zwischen Ihnen und Ihrer Organisationskultur prüfen

Vor dem Hintergrund des Kultur-Gespürs ist die **eigene Passung** kritisch zu hinterfragen:

- Wie groß ist die Übereinstimmung zwischen dieser Organisationskultur und mir (meinen Eigenschaften, Fähigkeiten, Überzeugungen und Vorlieben)?
- Wo kann, muss und will ich mich anpassen, was heißt es zu übernehmen und zu lernen?
- Wo sind meine Grenzen? Wie gehe ich mit ihnen um? Warum?
- Welche Kulturelemente kann ich thematisieren und angehen? Wie?

Um in einer Kultur erfolgreich zu führen und zu verändern, ist es für eine Führungskraft unabdingbar, dass sie mit den Eigenarten der jeweiligen Unternehmenskultur zurechtkommt – sie versteht und sich mit ihr identifizieren kann. Wenn der kulturelle Hintergrund einer Organisation es einem nicht erlaubt, die eigenen Potenziale sowie Wert-, Lebens- und Arbeitsvorstellungen zu entfalten, sinkt die Erfolgsprognose massiv – sowohl was Identifikation als auch Einflussnahme anbetrifft. Konsequent zu handeln wäre in einem solchen Falle wichtig – ohne schlechtes Licht weder auf sich selbst noch auf das Unternehmen zu werfen (Berner 2012, S. 38–39).

Wichtiges auf einen Blick zu Kap. 3 „Wie Sie sich mit Ihrer Organisationskultur vertraut machen"

1. Um Ihre Führungsrolle kultursensitiv auszugestalten und Veränderungen erfolgreich zu bewerkstelligen, sollten Sie die „kulturelle DNA" Ihrer Organisation erfassen, d. h. die handlungsleitenden **Werte und die ihnen zugrunde liegenden Denkparadigmen**. Diese mit einer einfachen Formel aus den Leitsätzen der Firma bzw. beobachteten Verhaltensweisen und Inszenierungen (Artefakten und Symbolen) abzuleiten ist jedoch eine Falle! Ergründen Sie vielmehr die **Geschichte der Firma** und ihrer **zentraler Leitfiguren**. Des Weiteren heißt es den politischen, wirtschaftlichen

und gesellschaftlichen **Kontext** der Organisation und die Einflüsse daraus einzubeziehen und in ihrer Gesamtdynamik zu verstehen trachten.

2. Greifen Sie auf pragmatische Dimensionsraster aus der Praxis zurück, oder entwickeln Sie eigene Werkzeuge, um damit Ihre Organisation oder Ihr Team zu reflektieren und um für sich kulturell relevante Entwicklungsziele abzuleiten. Nutzen Sie die **externen Sichtweisen** (von Beratern oder neuen Mitarbeitenden) – eine solche Perspektive wird Ihnen die Augen öffnen.

3. Analysieren Sie das **Zusammenspiel der verschiedenen Subkulturen** in Ihrer Organisation, im Wissen, dass die Vielfalt „normal" ist und synergetisch nützlich sein kann. Versuchen Sie **organisationale Grundkonflikte** (Abschn. 3.3.3) zu balancieren – bei Bedarf mit Unterstützung von Außen.

4. Um die subtilen kulturellen Gegebenheiten in Ihrer Organisation aufzunehmen, **beobachten** Sie wachen Auges was und wie etwas passiert; Stellen Sie **Fragen** – sich selbst und anderen; **vergleichen** Sie die kulturellen Aspekte Ihrer Organisation mit anderen – auch mit eigenen Vorstellungen und Wünschen; sammeln Sie **(geschichtliches) Wissen** über die Organisation und das Umfeld, in dem sie gedeiht; **reflektieren** Sie Ihre Beobachtungen und diskutieren Sie diese mit anderen.

5. Passt Ihr **persönliches Wertesystem** mit dem **Wertesystem der Firma** zusammen? Mit welcher Konsequenz?

Wie Sie als Führungskraft sensitiv handeln und wirksam verändern

4

4.1 Greifen Sie auf verhaltenswirksame Mechanismen zurück

Edgar Schein beschreibt sieben „Mechanismen"[1], die den Führungskräften zur Verfügung stehen, um kulturelle Aspekte zu beeinflussen (Schein 2010, S. 235 ff.):

4.1.1 Mit vorgelebten Werten Erfolge vorweisen

Werte vorleben ist der erste Hebel. Sobald ihm aber keine relativ schnellen und signifikanten **Erfolge** folgen, sinkt seine Wirksamkeit. So mag z. B. hohe Reflexionsbereitschaft, Selbstdisziplin und Termintreue eines Vorgesetzten, die er auch von den Mitarbeitenden einfordert, dann „nachahmungswürdig" und akzeptiert werden, wenn dadurch die Leistung und die Position der Abteilung innerhalb der Firma signifikant besser werden, Gewinne erzielt werden etc.

4.1.2 Den eigenen Aufmerksamkeits- und Kontrollfokus steuern

Die Führungskraft muss bewusst antizipieren, welche **Zeichen** sie setzt. Z. B. welchen Themen sie besondere Bedeutung und Beachtung schenkt. Was die

---

[1]Mechanismus als Begriff soll hier nicht eine Simplifizierung der Aktivität induzieren – im Sinne einer „einfachen und beherrschbaren Mechanik"; der Begriff referiert auf jeweils hoch komplexe und herausfordernde Aspekte der Führung.

© Springer Fachmedien Wiesbaden GmbH, ein Teil von Springer Nature 2018
M. Spisak, *Kultursensitive Führung*, essentials,
https://doi.org/10.1007/978-3-658-21198-1_4

Traktanden sind, die sie bei jeder Sitzung zuvorderst anbringt. Was sie kommentiert. Welche Themen sie aufgreift. Wie viel Interesse, Aufmerksamkeit und Teilnahme sie z. B. den Zahlenergebnissen und der Termintreue und/oder aber der Arbeitszufriedenheit bzw. der Entwicklung Einzelner etc. entgegenbringt. Bei welchen Themen sie in der Öffentlichkeit emotional wird – wo sie Ärger und wo Begeisterung zeigt. Welche Themen sie ignoriert etc.

4.1.3 Sich in kritischen Situationen und Krisen durchdacht verhalten

„In **Krisen** zeigt sich das wahre Gesicht des Menschen" ist eine implizite Theorie der meisten Mitarbeitenden. Hier gerät die Führungskraft besonders in den Fokus, da die Angstbereitschaft der Mitarbeitenden, sowie ihr Bedürfnis nach Angstreduktion steigen. Krisen werden ausgelöst z. B. durch sinkende Verkaufszahlen, Qualitätsabfall, kostensenkungsbedingte Entlassungen etc. In Krisen wird mit Argusaugen beobachtet wie schnell z. B. die Führung Leute fallen lässt (welche und wie). Auch wird darauf geschaut, wie die Führungskraft mit Angriffen von unten umgeht; wie viel sie einsteckt, bevor sie zum Gegenschlag ausholt; wie schnell die vermeintliche Kollegialität in unerbittlichen Kampf kippt; wie viel Gehorsam in schwierigen Situationen verlangt und wie mit Ungehorsam umgegangen wird etc.

4.1.4 Ressourcen (z. B. Geld, Zeit) bewusst und klug verteilen

Die **Verteilung der Ressourcen** seitens der Führungskraft ist kulturell betrachtet ein Anker. Die Verteilung von Budgets zeigt unmissverständlich, was für die Führung wichtig ist. Der Aufwand, der auf Kostensenkungsmaßnahmen verwendet wird, ist ebenfalls eine klare Aussage. So auch, welche Arten von Kosten unter die Lupe genommen und welche Projekte gemacht bzw. welche „eingefroren" werden etc.

4.1.5 Die Führungsrolle wirkungsbedacht ausüben

Kulturelle Aspekte werden im Rollenverhalten der Führung demonstriert. Wie viel **Interesse** zeigt die Führungskraft für operative Themen? In welche Detail-Ebene hinein will sie wissen, was läuft? Wie sichtbar gibt sie sich im Alltag? Wie viel direkter Kontakt und Nähe sind möglich? Wie „protzig" oder „bescheiden" tritt sie auf? Wie bedacht ist die Führung auf intellektuelle Stimulierung? Welche Wertigkeit genießt die interne Weiterbildung und wie wird das gezeigt? Übernehmen Führungskräfte die Rolle der Mentoren? Etc.

4.1.6 Mit Anerkennung, Beförderung und Status sensitiv umgehen

Eine konsistente Handhabung des **Belohnungs-, Beförderungs-** und **Sanktionssystems** ist einer der heikelsten und zugleich mächtigsten Mittel, um kulturelle Aspekte zu beeinflussen. Allzu häufig werden in Organisationen de facto andere Aspekte belohnt, als vordergründig proklamiert. So mag beispielsweise ein CEO mit dem Leitsatz „Don't ask for permission, ask for excuse!" Autonomie, Selbstverantwortung und (gesundes) Risikoverhalten von seinen Mitarbeitenden einfordern. Wenn zugleich unkonventionelles Denken und Verhalten im Job, allfällige „Prozessverletzungen" sowie „Fehler und Ausrutscher" dazu führen, dass man im Rahmen der herrschenden Beurteilungssysteme und Kategorien den „low performers" zugeordnet wird, werden Autonomie und exploratives Risiko-Verhalten in Tat und Wahrheit systembedingt bekämpft.

4.1.7 Selektion und Einstellung, Einarbeitung und Beförderung sowie die Trennung von Mitarbeitenden sorgsam gestalten

Ein subtiler Ansatzpunkt zur Gestaltung der Unternehmenskultur ist die häufig unbewusste Entscheidungsgrundlage für die **Auswahl und Laufbahnförderung** neuer Mitarbeitender bzw. für die **Trennung** von Mitarbeitenden. Was sind die für uns attraktiven (und was sind die unattraktiven) Kandidatinnen und Kandidaten bzw. Mitarbeitenden – und warum sind sie das? Häufig werden von den Einstellenden solche Personen als „attraktiv" befunden, die ihnen in Bezug auf den Arbeitsstil und die Werte ähneln. So fließen in Selektion bzw. Laufbahnförderung von Mitarbeitenden und auch in die Trennungsprozesse implizit Kriterien ein, die eine herrschende Kultur zu zementieren suchen. Dies mag durchaus seine Berechtigung haben und gewollt sein, kann und sollte jedoch bewusst genutzt und eingesetzt werden, wenn es um Kulturveränderung geht.

4.2   Nutzen Sie psychologisches Know-how

Anstatt sich über Werte und Normen auszulassen, respektive Leitsätze, Verhaltenskodexe oder Broschüren unter den Mitarbeitenden zu verteilen, dürfte es nach Neubauer wirksamer sein, an der **Veränderung des konkreten Verhaltens** anzusetzen – ob an Arbeitsgewohnheiten, dem äußeren Erscheinungsbild, der Kleidung (z. B. im Umgang mit Schutzkleidern) oder an der Auftrittskompetenz (Rhetorik und sprachliche Eloquenz) etc. Die Rahmenbedingungen dafür sind so zu konstruieren, dass das „erwünschte", neue Verhalten als sinnvoll und attraktiv erscheint. Das gelingt, wenn es mit den inneren Werten und Interessen der Mitarbeitenden in Übereinstimmung gebracht werden kann, den persönlichen Erfolg stützt und wenn die Mitarbeitenden wissen was zu tun sei, respektive der Überzeugung sind, dass sie es können (O'Donohue 1999; Elhardt 2011; Zimmer 1998). Ihnen als Führungskraft stehen verschiedene Register zur Verfügung (Abb. 4.1).

Motivationspsychologisches Wissen ist für Führungskräfte, die Veränderungen sensitiv gestalten wollen, unabdingbar. So z. B. das Verständnis für sogenannte **„psychologische Reaktanz"**. Letztere besagt, dass Menschen bei eingeschränkter Handlungsfreiheit bzw. wenn ihr Selbstwert oder ihre Sicherheit bedroht erscheinen, Widerstand aufbauen und sich gegenüber Veränderungen ungeachtet

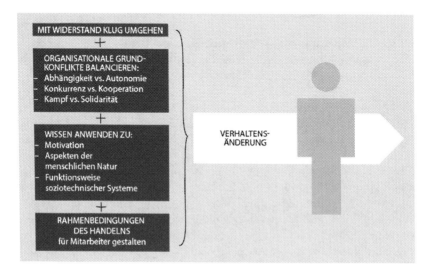

Abb. 4.1 Was tun, um nachhaltige Verhaltensänderung zu erreichen

„vernünftiger" Argumentation sperren. Der Widerstand kann wiederum verschiedene Formen annehmen – passiv oder aktiv. Führungskräfte sind gefragt, geschickt und flexibel mit Widerstand umzugehen, d. h. ihn wahrzunehmen und zu verstehen, aber auch zu nutzen oder bei Bedarf auszuhalten sowie gegen ihn zu arbeiten (zur weiteren Vertiefung des Themas: Spisak und Della Picca 2017b).

Auch aus dem Verständnis der **organisationalen Grundkonflikte** (Abschn. 3.3.3) können Schlüsse und Konsequenzen gezogen werden. So erlaubt z. B. das Wissen um den Grundkonflikt „Kampf vs. Solidarität" den Führungskräften zu verstehen, warum Mitarbeitende sich als Gruppe zusammenzuschließen und gegen andere (Gruppen) abzugrenzen suchen: Weil die Neigung zur Solidarisierung mit der eigenen Gruppe dem Menschen eigen ist und sich über Jahre des Werdegangs der Menschheit insbesondere bei Gefahr bewährt hat. Wird eine „äußere Bedrohung" sichtbar, rückt die Gruppe noch enger zusammen. Sobald aber „der Feind" innerhalb des Unternehmens gewähnt und in der Folge bekämpft wird, steigt die Gefahr einer Kultur der Destruktion, die auf gegenseitige Bekämpfung ausgerichtet ist und letztendlich zu Energieverlusten führt. Hier die Balance zu halten gelingt nur, wenn die Führungskraft Verständnis für die psychologischen Zusammenhänge hat und ihr Vorgehen taktisch darauf aufbaut. Substanzielles Know-how bzgl. der Dynamik von Konflikten (Konfliktmanagement) sowie ein reflektierter Umgang mit dem Thema „Macht" sind ebenfalls ausschlaggebend (Spisak und Della Picca 2017b).

Praxisrelevant sind auch die Erkenntnisse aus dem Promotoren-Ansatz vom Hofstede (Hofstede und Hofstede 2011). Gemäß dem Autor erfordern erfolgreiche Kulturveränderungen bzw. Innovationen in Unternehmen zweier Akteure: eines **Machtpromotors** und eines **Fachpromotors.** Die Einwirkung eines Mächtigen ist notwendig, um kulturelle Veränderungen wie z. B. eine bestimmte Kommunikationskultur, Vertrauenskultur, Fehlerkultur etc. nachhaltig durchzusetzen – hier sind Führungskräfte gemeint. Aber ohne einen Fachpromotor, der die Sachkenntnisse für eine richtige Diagnose der kulturellen Aspekte sowie die Prozessgestaltung liefert, ist es nicht getan. Hier sind interne und externe Fachexperten gefragt.

Im Nachhinein ist es nach Neubauer relativ einfach die unbeachteten **Frühwarnsignale** für Misserfolge der Führungsarbeit zu sehen und zu beklagen – der Autor spricht von „postmortaler Klugscheisserei". Sie sensitiv zu antizipieren ist allerdings schwierig. Je selbstbewusster eine Organisation (eine Führungskraft) ist, desto mehr überhört sie die Warnschüsse der Realität. Der Impetus eines **„Status Quo Bias"** (im Zweifelsfall bleibe bei dem was/wie es ist!) dem wir psychologisch unterliegen, verstärkt diese Tendenz.

Um Übergänge und Anpassungsnotwendigkeiten zu antizipieren, müssten Führungskräfte ihr Sensorium für Trends und Tendenzen in der Umwelt aktivieren (Neubauer 2003, S. 21) sowie Bewusstsein und Verständnis für die kulturelle Entwicklung von Organisationen haben (s. a. Abschn. 3.3). Eine weitere Aufforderung lautet, das eigene Verständnis für die Dynamik der wirtschaftlichen, gesellschaftlichen und politischen Aspekte kontinuierlich zu pflegen. Bildung und Allgemeinwissen sind gefordert, sowie ein kritisches Auge für die übergeordneten Zusammenhänge – die Helikoptersicht. Zugleich sind offene Ohren für die Stimmen und Ansichten der Subkulturen im Unternehmen gefragt – durchaus auch die der „Außenseiter".

4.3   Verankern Sie Innovation als Kulturbestandteil

Innovationsfähigkeit ist ein Überlebensmerkmal von Organisationen. Sie erweist sich als klarer Wettbewerbsvorteil. Sie garantiert die kontinuierliche Entwicklung und Optimierung von Produkten, Prozessen und Serviceleistungen, die dazu dienen, Kosten zu senken, Marktanteile zu sichern und neue Märkte zu erschließen. Dennoch ist Innovation zugleich auch ein problematisches Phänomen. Mitunter verschiebt sie die herrschenden Zielsetzungen und droht die **Unternehmensidentität** zu zerstören. So wie vor Zeiten die Industrialisierung greift nun die Digitalisierung in die Funktionsweise vieler Branchen ein und wandelt ihren Charakter und Geist. Die bisherige Klarheit, wie z. B. ein Spital, eine Bundesverwaltung oder Journalismus funktionieren und was das jeweilige Organisationswesen ausmacht, wirft neue Fragen auf. Damit zerbröckeln für viele die Stabilität und Klarheit.

Zugleich – die Zukunft baut auf Innovation, die per se einen kulturellen Charakter hat und einen kulturellen Wandel nach sich zieht. Neue handlungsleitende Wertesysteme und Selbstverständlichkeiten gewinnen die Oberhand. Sie fördern anderes Verhalten und verändern die Prozesse in Unternehmen. Ob die „alten" Produkte, Strukturen und Prozesse bzw. Denk- und Verhaltensparadigma abgelöst und durch neue ersetzt werden, hängt oftmals von der Macht und dem Einfluss der Innovations-Initiatoren ab. Führungskräfte sitzen sozusagen „am Hebel" der Innovation und sollten sich dieser Verantwortung entsprechend bewusst sein. Ohne die kulturelle Sensitivität, wie sie in den vorangehenden Kapiteln vermittelt wurde, gelingt es aber nur bedingt, den Hebel wirksam zu bedienen. Berücksichtigt man den organisatorischen „kulturellen Unterbau" und kombiniert diesen mit substanziellem Innovationswissen, dürften die Erfolgschancen um einiges höher sein. Die Handhabung und Förderung der Innovation ist ein vielfältiges und ganzheitliches organisationales Anliegen, auf das sich alle – das Management voran – einschwören müssen.

Präzise betrachtet muss zwischen **Innovation** und **Optimierung** unterschieden werden. Erstere wird häufig ausschließlich auf radikale Wendungen und „Erneuerungen" in der Geschichte der Menschheit bezogen wie z. B. die Vermarktung oraler Kontrazeptiva (Anti-Baby-Pille) durch Schering AG im Jahr 1961 oder die Erfindung der Glühbirne (durch Thomas Alva Edison (1847–1931) bzw. durch Heinrich Göbels (1818–1893) und ihre Verbreitung. Diese Erfindungen und ihre Vermarktung bedeuteten jeweils einen Paradigmen-Wechsel, sei es auf sozial-gesellschaftlicher, sei es auf technisch-ökonomischer Ebene.

Im unternehmerischen Alltag wird mit **„Innovationskultur"** streng genommen eine **„Entwicklungs- und Optimierungskultur"** gemeint (Produktion und Umsetzung von kreativen und nützlichen Verbesserungs-Ideen). Sie bezieht sich zum einen auf technische Aspekte wie Verbesserung von Produkten, Dienstleistungen und Technologien, welche die wirtschaftlichen Erfolge des jeweiligen Unternehmens nachhaltig sichern. Zum anderen wird zunehmend der Ruf nach der Innovation sozialer Aspekte lauter. Letztere zielen auf die Veränderung der Lebensqualität Einzelner als auch des Wohlergehens sozialer Systeme wie Familie oder Gesellschaft (Elsen 2014; Rückert-John 2013).

Innovation in Unternehmen kann nur multiperspektivisch angepackt werden. „Fit für Innovation" (eine Strategische Partnerschaft, in der über 80 Vertreterinnen und Vertreter der Wirtschaft, Wissenschaft und Politik mitwirken) unterscheidet sechs strategische Handlungsfelder der Innovation (Innovation 2017): **Innovationsprozesse** managen, **Innovationsarbeit** gestalten, **Innovationskultur** stärken, **Innovationskompetenz** entwickeln, **Innovation** in Netzwerken aufbauen, **Gesundheit** als Treiber der Innovation beachten.

Obwohl es für die Verankerung der Innovation im Unternehmen der Beachtung aller erwähnten Handlungsfelder bedarf, wird im Folgenden bezogen auf das Thema dieses Kapitels selektiv auf die Gestaltung bestimmter kultureller Aspekte im Zusammenhang mit der Innovation fokussiert:

1. **Kulturell-organisatorische Bedingungen** für Innovation
2. **Persönliche Elemente** eines innovativen Lebensstils
3. **Handlungsoptionen** der Führung, um Innovationskultur zu fördern.

4.3.1 Kulturell-organisatorische Bedingungen beachten

Wie stark oder leicht Innovation als Kulturphänomen verankert werden kann ist davon abhängig, welchen Stellenwert sie im Unternehmen hat. Wenn

innovatives Verhalten bisher zum Erfolg und Fortbestehen der Organisation bei-
getragen hat, verfügt der Innovationsgedanke über ein starkes Standing. Gilt
allerdings konservatives Verhalten als der Erfolgsfaktor, hat Innovation einen
schweren Stand. So ist z. B. das Wesen kirchlicher Organisationen wie etwa
der Katholischen Kirche auf Kontinuität und Wahrung des Bisherigen ange-
legt – und wird als einer der Gründe betrachtet, die das Überleben des Systems
garantiert. Entsprechend dürften hier radikal-innovative Ideen weniger wahr-
scheinlich auf einen fruchtbaren Boden fallen, als dies der Fall bei Unternehmen
wäre, deren Lebensader darin besteht, stets Neues zu erfinden, wie beispielsweise im Bereich der wissenschaftlichen Forschung. Wenn Innovation allerdings zur **„Neurose"**, d. h. zum zwanghaften und unaufhörlichen Hinterfragen
jeglicher Arbeitsroutine verkommt, entwickelt sie einen destruktiven Charakter.
Ein unaufhörliches Umdefinieren von Prozessen und Sachverhalten kann sich
ebenso lähmend auswirken wie aufgezwungene Stagnation (Frey und Bierhoff
2011, S. 259–260).

Innovation darf nicht als ein einmaliges Ereignis betrachtet werden, das einem
einschlagenden genialen Geistesblitz gleicht. **Innovation ist ein Prozess.** Er
läuft in bestimmten Phasen durch, wie es z. B. Frey beschreibt und kann in zwei
Abschnitte unterteilt werden (Abb. 4.2) (Frey und Bierhoff 2011, S. 250–252):

- Den Abschnitt des kreativen Prozesses:
  – Problemidentifikation
  – Vorbereitung
  – Lösungsgenerierung
- Den Abschnitt der Implementierung:
  – Umsetzung
  – Stabilisierung

Im Rahmen der **Problemidentifikation** werden das Problem bzw. die Chancen
und die Veränderungsrichtung sichtbar gemacht. Die Betroffenen müssen zu der
Überzeugung gelangen, dass die Innovation angezeigt und realistisch ist. Beispielsweise sind Führungskräfte in vielen Branchen gefordert, dem stets wachsen-
den Bedarf an hoch qualifizierten Fachkräften (Technologie- und Fachexperten)
Rechnung zu tragen. Der Experten-Markt ist ausgetrocknet. Die älterwerdenden
Fachkräfte drohen den steigenden Anforderungen nicht zu genügen. Zugleich ist
es ein Fakt, dass Mitarbeitende über 50 so „fit" sind wie noch nie – das Leistungs-
potenzial der „Alten" hat sich im Vergleich zur Vergangenheit massiv erhöht –
allerdings nicht bei allen gleich (Spisak 2017). Es sind neue Wege zu finden, wie
Fachkräfte aktiviert und aufgebaut, beschafft und gepflegt werden. Um die Prob-
lematik fassbar und glaubhaft zu machen, kann die Führungskraft Marktanalysen,

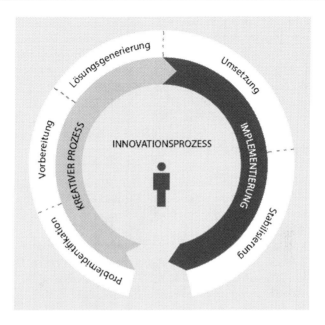

Abb. 4.2 Der Innovationsprozess

Visionen und Perspektiven aus der Trendforschung, Best-Practice-Beispiele, Ideen aus dem Vorschlagswesen, eigene Visionen, etc. aufzeigen.

In der **Vorbereitungsphase** werden die Informationen zum Thema geordnet und ausgewertet. Der Lösungsspielraum wird aufgemacht. Dafür ist neben guter Recherche Kreativität sowie Raum und Zeit für Denkprozesse gefragt.

Die Lösungsoptionen werden im Rahmen einer **Beurteilungsphase** analysiert, bewertet und verfeinert, um dann hinsichtlich der Umsetzung geprüft zu werden. Darauf baut der **Lösungsentscheid** bzw. die Maßnahmen (im Falle des hohen Fachkräfte-Bedarfs wäre es z. B. die Konzeption eines neuen Führungssystems, in dem die Experten die Geschicke der Firma stärker leiten, oder aber der Entwurf neuer Methoden und Verfahren, um das Potenzial der älteren Mitarbeitenden zu eruieren und einzusetzen).

An die Phasen des kreativen Prozesses schließt sich der **Implementierungsprozess** an. Die gewählte Lösung wird umgesetzt. Sollte die Umstellung sich harzig gestalten, weil z. B. Erfolge und Verbesserungen nicht schnell genug verzeichnet werden, ist mit hoher Wahrscheinlichkeit Widerstand seitens der Mitarbeitenden zu erwarten. Der Widerstand ist generell betrachtet umso wahrscheinlicher, je radikaler die Innovation ist. Ihn zu antizipieren bzw. korrekt wahrzunehmen, zu verstehen und an ihm zu arbeiten, ohne vorschnell zu kapitulieren, ist die Herausforderung für jede Führung. Es gelingt nur im Dialog, der auf Kulturbewusstsein und Kommunikationskompetenz basiert. Zudem ist ein langer Atem gefragt. Ist eine erstmalige Umsetzung einer Innovation gelungen, geht es darum, diese zu stabilisieren, indem Neues positiv verstärkt und standardisiert wird und Routinen geschaffen werden.

4.3.2 Innovationstreiber nutzen

Um innovativ sein zu können, brauchen Mitarbeitende ein Bündel an Fähigkeiten und organisatorischen Voraussetzungen im Sinne von Treibern (Abb. 4.3) (Frey und Bierhoff 2011, S. 248–249).

- **Information und Einsicht:** Mitarbeitende (und Führungskräfte) müssen in der Lage sein, Verbesserungsmöglichkeiten erkennen zu können. Einerseits ist diese Fähigkeit durch intellektuell-kreative Wahrnehmungs- und Denkprozesse bedingt. Andererseits gelingt die Erkenntnis nur dann, wenn Mitarbeitende Einsicht in die organisatorischen Gegebenheiten erhalten, d. h. verständlich, präzise und umfassend informiert werden.
- **Überzeugung, dass Veränderung möglich ist:** „Wenn ich will, kann ich Einfluss nehmen" **(Selbstwirksamkeitsüberzeugung)** als verinnerlichte Haltung ist hier zentral (Spisak und Della Picca 2017b).
- **Mitgestaltungsoptionen:** Dass Mitarbeitende aktiv mitdenken und die organisationale Realität mitgestalten, muss ein Faktum sein – sei es mittels eines

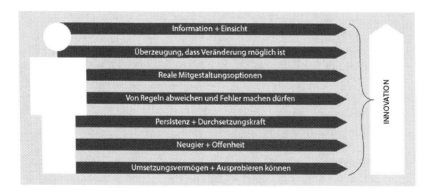

Abb. 4.3 Was Mitarbeitende für Innovation brauchen

funktionierenden Vorschlagswesens, oder basierend auf einem agilen Bottom-up-Führungssystem (Spisak und Della Picca 2017a).

- **Abweichen können von Regeln/Fehler machen dürfen:** Es muss den Mitarbeitenden möglich sein bei Bedarf von ihrer Routine selbstverantwortlich abzuweichen. Auch ein transparenter und toleranter Umgang mit Fehlern ist wichtig, denn Innovation erfordert individuelle Risikobereitschaft.
- **Persistenz und Durchsetzungsbereitschaft:** Kampfgeist und langer Atem, begleitet von Neugier und Unerschrockenheit bilden den Mix, der Mitarbeitende und Führungskräfte offen für Fremdes und Andersartiges macht.
- **Umsetzungsvermögen:** Ideen spinnen genügt nicht! Die Macher-Qualität zeichnet Innovatoren aus. Dafür muss die Organisation bereit sein, Mitarbeitende auch Exotisches und „Verrücktes" ausprobieren zu lassen.

4.3.3   Handlungsfelder der Führung um Innovation zu fördern

Arbeitspsychologische Forschungsergebnisse und Wissensgrundlagen legen nahe, dass der Weg zur Innovation nur multiperspektivisch gelingt (Frey und Bierhoff 2011): Mitarbeiter-, team- und organisationsbezogen (Abb. 4.4). Je nach

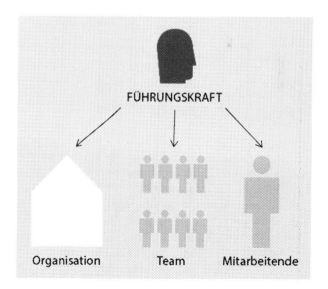

Abb. 4.4 Innovationskultur fördern – auf verschiedenen Ebenen handeln

Perspektive sind von Führungskräften Handlungen gefragt, die nur in der Summe ihre kraftvolle Wirkung entfalten.

Ebene Mitarbeitende:

* Die „**Kreativitätsbegabten**" unter den Mitarbeitenden identifizieren und ins Spiel bringen. Oft haben gerade diese Ambitionen und Dominanzansprüche. Sie sind mitunter impulsiv und heftig – weder bequem noch pflegeleicht (Frey und Bierhoff 2011, S. 253). Deswegen laufen sie Gefahr, im Rahmen der organisatorischen Normierung und über Führungsmechanismen wegen ihrer „Allüren" sanktioniert zu werden. Kreativität im Team zu pflegen verlangt von Führungskräften „Unbequemes" aushalten zu können.
* Spezifische **Motivationsaspekte** von Menschen, die kreativ und innovations-offen sind, sind zu beachten:
  – Einflussmöglichkeiten und Mitgestaltung schaffen
  – Unabhängigkeit ermöglichen
  – Der kreativen Leistung Anerkennung zollen
  – Mitarbeitende mit Themen betrauen, die unternehmerische Relevanz haben, z. B. Beseitigung von strategischen Gefahren, Kostenoptimierung etc. (Frey und Bierhoff 2011, S. 254)

Ebene Team:

* Sinnhafte und erreichbare Zielvorstellungen geben, die Orientierung stiften und zugleich individuellen **Freiraum** für Ideen und Verhaltensformen offen lassen.
* Die **Zusammenarbeit** so gestalten, dass man vor allem „zusammen" stark ist. Die Fähigkeiten und Eigenarten der Mitarbeitenden wie auch die Synergien und Unverträglichkeiten bzw. Gefahren in der Teamarbeit zu kennen, bildet dafür die Basis.
* Die Heterogenität (**Multitude**) suchen (und managen!). Wenn Letztere berei-chernd wirken soll, müssen Führungskräfte über profunde Menschenkenntnis und „interkulturelle Kompetenz" verfügen. Es geht nicht ohne Ambiguitätstoleranz (Aushalten von Widersprüchen). Zudem hat Angst vor Konflikten keinen Platz.
* Auf **Fairness** achten: Verteilungsfairness (Leistung Einzelner berücksichtigen und Ressourcen fair verteilen), Entscheidungsfairness (echte Mitsprachemöglichkeit gewähren, Entscheidungstransparenz und Nachvollziehbarkeit von Entscheiden

sichern), interpersonale Fairness (Respekt und Würde unter den Mitarbeitenden unabhängig von Thema, Rang und Status fördern) und informationelle Fairness (Information der Mitarbeitenden bzgl. wichtiger Themen – zeitnah und umfassend sichern) (Streicher et al. 2012).

- Die **Führungskommunikation** didaktisch und kommunikationspsychologisch begründet gestalten.
- Auf das **Lustvolle** und Genuine (dem Menschen innewohnende) der Leistungsorientierung setzen (z. B. Spaß oder Wertschätzung) sowie hohe Selbstwirksamkeit vermitteln.
- Griffige Problemlösungsansätze (**Heuristik**) anbieten sowie angemessene kreativitätsfördernde Methoden und Techniken einführen – weit über „Brainstorming" hinaus (z. B. Brainwriting oder Stepladder-Technik etc.) (Werder 2011; Frey und Bierhoff 2011, S. 256–257).

Ebene Organisation:

- Vorleben und Unterstützung innovativen Verhaltens durch das Top-Management
- Flache Hierarchien und dezentrale Entscheidungsbefugnis mit dem Zugriff der Führungskräfte und der Mitarbeitenden auf Ressourcen wie Geld, Zeit, Raum etc.
- Abteilungsübergreifende Kommunikation
- Geringe Formalisierung der Aufgabenerledigung gepaart mit fehlertolerantem und Initiative wertschätzendem Klima
- Verankerung und Wertschätzung von hohen Leistungsstandards in verschiedenen **Centers of Excellence** (Unternehmensbereichen, Teams oder Abteilungen, die höchsten Standards verpflichtet und in diesen führend sind)
- Hoher Grad der Auseinandersetzung mit Kundenbeschwerden und Feedback
- Projektteams und Strukturen zur Ideenentwicklung, funktionierendes Vorschlagswesen und Wertschätzung der Beteiligung an Innovationsprozessen
- Klare Regeln der Implementierung von Innovationen
- Ein systematisch institutionalisiertes System von **Promotoren** zur Überwindung von Innovationsbarrieren: Fachpromotoren (zur Überwindung des Nicht-Wissens), Machtpromotoren (zur Überwindung des Nicht-Wollens), Prozesspromotoren (zur Überwindung des Nicht-Kommunizierens) und Beziehungspromotoren der zwischenbetrieblichen Zusammenarbeit (zur Überwindung des Nicht-Kooperierens) (Gmünden und Hölzli 2011)

Wichtiges auf einen Blick zu Kap. 4 „Wie Sie als Führungskraft sensitiv handeln und wirksam verändern"

1. Um kulturelle Aspekte zu beeinflussen achten Sie auf Folgendes:
   - Reden ist Gold – Handeln ist Platin! Leben Sie die von Ihnen propagierten Werte vor und generieren Sie damit **Erfolge**! Ohne die Letzteren würde Ihr Vorbild an Wirkungskraft verlieren.
   - Überlegen Sie **strategisch** und **taktisch**, welchen organisatorischen Themen, Menschen oder Plattformen Sie Ihre Aufmerksamkeit schenken und wo sie Begeisterung zeigen.
   - Insbesondere in **Krisen** kontrollieren und steuern Sie Ihr Führungs-Verhalten überlegt. Holen Sie sich Unterstützung dabei (intern/extern)!
   - Erachten Sie **Ressourcenverteilung** (Geld, Zeit, Energie) als eine zentrale und strategisch wichtige Führungsaufgabe – widmen Sie ihr die entsprechende Aufmerksamkeit!
   - Gehen Sie mit der **Gestaltung Ihrer Rolle** bewusst und taktisch durchdacht vor (z. B. wie operativ, wie viel Nähe zu den Mitarbeitenden, wie intellektuell, wie präsent/sichtbar etc.)!
   - Handhaben Sie das **Belohnungs- und Sanktionssystem** gekonnt und konsequent. Ihr Umgang mit Anerkennung, Mitarbeitende fördern (befördern), ihnen Status und Würde verleihen und zugleich Grenzen zu zeigen muss gut überlegt und verlässlich sein!
   - Investieren Sie sowohl in eine **professionelle Selektion** als auch sorgfältige **Einarbeitung** und **Rollenausgestaltung** neuer Mitarbeitender!
2. Wenn Sie kulturelle Aspekte verändern wollen – feilen Sie nicht verbal an Werten und Normen! Suchen Sie über Anreize und die Gestaltung von Rahmenbedingungen **das konkrete Verhalten** zu verändern, ohne die Wertebasis dieses Verhaltens unberücksichtigt zu lassen. Nutzen Sie dabei Ihr **Wissen** um die Aspekte der menschlichen Natur (z. B. Emotionen, Identitätsaspekte, motivationspsychologische Zusammenhänge im Umgang mit Widerstand etc.) sowie um organisationspsychologische Gegebenheiten (z. B. organisationale Grundkonflikte etc.)
3. Schulen Sie **Ihr Sensorium für Frühwarnsignale** bzgl. Veränderungsnotwendigkeit in Ihrem Unternehmen (Team) – Ihr Gespür für Trends. Beobachten Sie dafür stetig und differenziert die Entwicklungen des Wirtschaftsmarktes sowie den politisch-gesellschaftlichen Kontext. Betrachten Sie die eigene Organisation immer wieder distanziert – aus der Außen-Perspektive. Zudem ist ihr offenes Ohr für die Stimmen und Ansichten der Subkulturen im Unternehmen gefragt.

4. Fördern Sie eine Innovationskultur, indem Sie **Innovationsprozesse** gezielt implementieren und dabei die **Innovationstreiber** bewusst choreografieren (s. o.). Dabei heißt es parallel auf mehreren Ebenen anzusetzen: **Mitarbeiter-Ebene, Team-Ebene und Organisationsebene.**

5. Obwohl **Heterogenität (Diversity/Multitude)** in Ihrem Team Ihnen das Leben z. T. schwer macht – nehmen Sie sie in Kauf. In Hinsicht auf Innovation sind Vielfalt und Unterschiedlichkeit bereichernd und synergiestiftend. Normierte Gleichheit („streamline") ist bequem, aber hemmt die Innovation. Trachten Sie danach, die „anderen" Kulturparadigmen (die der benachbarten Abteilungen oder Teams) zu verstehen, zu akzeptieren und zu tolerieren. Setzen Sie auf **Konfliktmanagement**-Skills, um mit den Unterschieden umzugehen.

Was Sie aus diesem *essential* mitnehmen können

- Sie lernen das Wesen, die Elemente und den Charakter einer Organisationskultur (Team- oder Abteilungskultur) zu verstehen und müssen nie mehr im „kulturellen Nebel" tappen bzw. „auf die Nase fallen".
- Sie werden in die Lage versetzt, sich selbst innerhalb einer Organisationskultur geschickt zu positionieren.
- Sie erhalten verhaltenswirksame Mechanismen und Werkzeuge, psychologisches Know-how und Hinweise, um kulturelle Aspekte, Veränderungen sowie Innovation kultursensitiv anzugehen.

© Springer Fachmedien Wiesbaden GmbH, ein Teil von Springer Nature 2018
M. Spisak, *Kultursensitive Führung*, essentials,
https://doi.org/10.1007/978-3-658-21198-1

Literatur

Baumgartner, M. (2006). *Gestaltung einer gemeinsamen Organisationswirklichkeit. Systemische Strukturaufstellungen und Mitarbeiterbefragungen zur Diagnose von Organisationskultur.* Heidelberg: Systemische Forschung im Carl-Auer Verlag.

Berner, W. (2012). *Cultural Change. Unternehmenskultur als Wettbewerbsvorteil.* Stuttgart: Schäffer-Poeschel.

Drucker, P. F. (2017). Quotations Peter F. Drucker. https://www.goodreads.com/author/quotes/12008.Peter_F_Drucker. Zugegriffen: 4. Jan. 2018.

Eck, C. D. (2002). *Beiträge zur Psychologie des Management und der Führung.* Zürich: Institut für Angewandte Psychologie, IAP.

Elhardt, S. (2011). *Tiefenpsychologie. Eine Einführung* (17. Aufl.). Stuttgart: Kohlhammer.

Elsen, S. (2014). *Social innovation, participation and the development of society.* Bozen: Bozen-Bolzano University Press.

Erll, A., & Gymnich, M. (2014). *Interkulturelle Kompetenzen. Erfolgreich kommunizieren zwischen den Kulturen* (5. Aufl.). Stuttgart: Klett Lerntraining.

Frey, D., & Bierhoff, H.-W. (2011). *Sozialpsychologie – Interaktion und Gruppe.* Göttingen: Hogrefe.

Gmünden, H. G., & Hölzli, K. (2011). Promotoren zur Überwindung von Innovationsbarrieren. http://www.innovationsmanagement.de/innovatoren/promotoren.html. Zugegriffen: 4. Jan. 2018.

Hatch, M. J. (1993). The dynamics of organizational culture. *The Academy of Management Review, 18*(4), 657–693.

Hofstede, G., & Hofstede, G. J. (2011). *Lokales Denken, globales Handeln. Interkulturelle Zusammenarbeit und globales Management* (5., durchges. Aufl.). München: dtv.

Huppenbauer, M. (2017). *Leadership und Verantwortung.* Zürich: Versus.

Iacocca, L., & Novak, W. (1988). *Iacocca – Eine amerikanische Karriere.* Frankfurt a. M.: Ullstein.

Innovation, F. f. (2017). https://www.iao.fraunhofer.de/lang-de/presse-und.../804-fit-fuer-innovation.html. Zugegriffen: 12. März 2018.

Kobi, J.-M., & Wüthrich, H. A. (1986). *Unternehmenskultur verstehen, erfassen und gestalten.* Landsberg am Lech: Verlag Moderne Industrie.

Minkov, M., & Hofstede, G. H. (2011). *Cultural differences in a globalizing world.* Bingley: Emerald.

© Springer Fachmedien Wiesbaden GmbH, ein Teil von Springer Nature 2018
M. Spisak, *Kultursensitive Führung, essentials,*
https://doi.org/10.1007/978-3-658-21198-1

Neubauer, W. (2003). *Organisationskultur*. Stuttgart: Kohlhammer.

O'Donohue, W. T. (1999). *Handbook of behaviorism*. San Diego: Academic.

Rosenstiel, L. von. (2003). *Grundlagen der Organisationspsychologie. Basiswissen und Anwendungshinweise* (5. Aufl.). Stuttgart: Schäfer-Poeschel.

Rückert-John, J. (2013). *Soziale Innovation und Nachhaltigkeit. Perspektiven sozialen Wandels*. Wiesbaden: Springer Fachmedien.

Schein, E. H. (2010). *Organizational culture and leadership* (4. Aufl.). San Francisco: Jossey-Bass.

Spisak, M. (2017). 60 ist das neue 40. *Wir Kaufleute. Das Magazin des Kaufmännischen Verbandes Zürich, 9–10*, 2.

Spisak, M., & Della Picca, M. (2017a). Ein Team schmieden: Gewusst wie. *Wir Kaufleute. Das Magazin des Kaufmännischen Verbandes Zürich, 11–12*, 2.

Spisak, M., & Della Picca, M. (2017b). *Führungsfaktor Psychologie. Fragen aus der Führungspraxis – Antworten der Psychologie*. Berlin: Springer.

Steiger, T., & Lippmann, E. (2013). *Handbuch Angewandte Psychologie für Führungskräfte* (Bd. 1). Heidelberg: Springer Medizin.

Straub, J., Weidemann, A., & Weidemann, D. (2007). *Handbuch interkulturelle Kommunikation und Kompetenz. Grundbegriffe – Theorien – Anwendungsfelder*. Stuttgart: Metzler.

Streicher, B., Frey, D., & Graupmann, V. (2012). Fairness in Veränderungsprozessen. In L. von Rosenstiel, E. von Hornstein, & S. Augustin (Hrsg.), *Change Management. Praxisfälle*. Berlin: Springer.

Werder, L. v. (2011). *Brainwriting & Co. Die 11 effektivsten Methoden des kreativen Schreibens für die Schule und das Studium*. Berlin: Schibri.

Zimmer, D. E. (1998). *Tiefenschwindel*. Reinbek b. Hamburg: Rowohlt.

Lesen Sie hier weiter

Spisak, Mona, Della Picca, Moreno
Führungsfaktor Psychologie
Fragen aus der Führungspraxis –
Antworten der Psychologie

1. Aufl. 2017, XI, 280 S., 80 Abb. in Farbe
Hardcover € 39,99
ISBN 978-3-662-53155-6